CONTEMPORÁNEA

Pablo Neruda, seudónimo de Neftalí Ricardo Reyes, nació en Parral, Linares (Chile), en 1904. De 1920 a 1927 residió en Santiago, y en esta época escribió sus primeros poemas: *La canción de la fiesta* (1921), *Crepusculario* (1923) y *Veinte poemas de amor y una canción desesperada* (1924), títulos que muestran las primeras fases de su evolución, desde sus inicios posrubenianos hasta la adquisición de un tono más personal y libre de la expresión poética. En 1927 empezó su existencia viajera y ocupó varios cargos consulares en China, Ceilán y Birmania. *Residencia en la tierra* (1933) le reveló como un poeta de intensa originalidad, vinculado indirectamente con la corriente surrealista. Entre 1934 y 1938 ocupó el cargo de cónsul de Chile en España, y en estos años entró en contacto con escritores españoles de la Generación del 27. En 1941 se instaló en México y, posteriormente, regresó a su patria donde, en 1945, fue nombrado senador. En 1971 le fue concedido el Premio Nobel de Literatura y fue nombrado por Salvador Allende embajador en París. Murió en 1973, poco después del golpe de Estado de Augusto Pinochet. Póstumamente, en 1974, se publicaron sus memorias bajo el título *Confieso que he vivido*. DeBolsillo presenta ahora una edición de su obra.

Biblioteca

PABLO NERUDA

Memorial de Isla Negra

DeBOLSILLO

Diseño de la portada: Departamento de diseño de Random
    House Mondadori
Directora de arte: Marta Borrell
Diseñadora: Maria Bergós
Fotografía de la portada: © A.G.E./Fotostock

Primera edición: enero, 2004

© 1964, Pablo Neruda y Fundación Pablo Neruda
© 1999, por las notas, Hernán Loyola
© 2003, por el prólogo, José Emilio Pacheco
© 1999, Círculo de Lectores, S. A. (Sociedad Unipersonal) y
    Galaxia Gutenberg, S. A.
© 2004 de la presente edición:
    Random House Mondadori, S. A.
    Travessera de Gràcia, 47-49. 08021 Barcelona

Printed in Spain – Impreso en España

ISBN: 84-9793-089-4 (vol. 367/16)
Depósito legal: B. 48.461 - 2003

Fotocomposición: Comptex & Ass., S. L.

Impreso en Cayfosa-Quebecor, Ctra. de Caldas, km. 3
Santa Perpètua de Mogoda (Barcelona)

P 830894

PRÓLOGO

Para llegar a Isla Negra

José Emilio Pacheco

Nadie podrá decir: «Conozco el mar». El mar es ilimitado, nosotros no. Lo que podemos conocer de él es un puerto, una playa, una bahía. La totalidad permanece ajena, para siempre viva en su oleaje perpetuo. Algo semejante ocurre con Pablo Neruda. Visitamos algunos puertos. El resto necesitaría una vida entera para abarcarlo. Hay excelentes antologías nerudianas. Al terminar de leerlas, sentimos que Neruda sólo se muestra de verdad si nos internamos en todos sus libros, en el medio siglo de poesía que va de *Crepusculario* (1923) a *Defectos escogidos* (1971-1973).

Todo conspira para dificultar esa lectura. En primer término, el hecho de que Neruda no es nada más un gran poeta sino una legión de poetas para muy diversos lectores y muy distintos gustos. Quien admira el *Canto general* (1938-1949) no es idéntico a quien se entusiasma con *Estravagario*, de apenas ocho años después. Aun si en una sociedad utópica nos dedicáramos nada más a leer poesía, entregarnos a Neruda como se debe –sin prisa, a pausas, releyendo cada página y cada estrofa– es una tarea que pocos estarán dispuestos a enfrentar, aunque la recompensa será muy grande.

LA MULTIPLICACIÓN DE LOS LIBROS

Nuestros poetas predilectos son aquellos de obra breve que podemos dominar en unas cuantas horas. Contra todas las predicciones de su fin, contra todas las realidades económicas, la multiplicación de los libros de poesía no acaba nunca. Y cada libro nuevo desplaza en tiempo y en lugar a otro del pasado. La poesía que creímos eterna se ha vuelto tan efímera como la nota de los diarios y el reportaje de un minuto en la televisión. Sin embargo, Neruda resiste, Neruda permanece, Neruda renace todos los días porque siempre hay alguien que lo lee por primera vez y hay otro que lo relee con nuevos ojos. No hacerlo empobrecería nuestra vida.

Jamás quedamos contentos: al autor de obra breve no cesamos de aumentársela con todo aquello que no pensó en publicar: cartas, notas, borradores, minucias. Al de obra extensa se la recortamos hasta quedarnos con sólo dos o tres libros. Neruda ha soportado las dos estrategias. Tras los libros póstumos con los que pensaba celebrar sus setenta años, se publicaron *Cartas de amor*, *Cartas a Laura*, *El río invisible*, *Discursos parlamentarios* y hasta sus versos infantiles: *Cuadernos de Temuco* (1996). Al mismo tiempo queremos contraer su inmensa poesía a *Veinte poemas de amor y una canción desesperada* (1924), el mayor éxito del verso español en toda su historia, y *Residencia en la tierra* (1925-1935), el mejor libro de poesía surrealista en cualquier idioma.

El término «libro» no parece exacto al referirse a la producción de Neruda, ya que *Canto general* (1938-1949) es un volumen que contiene quince libros y *Memorial de Isla Negra* (1962-1964) consta de cinco: *Donde nace la lluvia*, *La luna en el laberinto*, *El fuego cruel*, *El cazador de raíces* y *Sonata crítica*.

Los títulos de Neruda no son colecciones de textos independientes: su unidad de composición es el libro y no el poema aislado. Se compara a Neruda con Victor Hugo (1802-1885), quien mantuvo su trabajo desde *Odes et ballades* (1826) hasta *L'Art d'être grand-père* y la última serie de *La Légende des siècles* (1877).

«Estoy haciendo una Biblia», dijo Victor Hugo. «No una Biblia divina sino humana. Un libro multiforme que resume una época. Voltaire resumió en su obra el siglo XVIII; resumiré el XIX en la mía. Voltaire tiene su Biblia en setenta y cinco volúmenes. Tendré la mía en sólo Dios sabe cuántos. Quedará en su integridad para que el porvenir la tome o la deje.»

LA EXCEPCIÓN Y LA REGLA

Todo el siglo pasado está en Neruda. Lo condensó en uno de los libros más importantes y menos conocidos de su última época: *Fin de mundo* (1969). El inventario, el balance y la autocrítica empezaron quince años atrás en *Memorial de Isla Negra*. Neruda cumplió sesenta años en 1964. A esa edad el poeta que ya parecía haberlo dado todo en *Residencia en la tierra*, *Canto general*, *Odas elementales* y *Estravagario* se arriesgó a comenzar una nueva etapa, el principio de lo que podemos llamar su sinfonía de los adioses que aún se prolongará una década en *Arte de pájaros*, *Una casa en la arena*, *Fulgor y muerte de Joaquín Murieta*, *La barcarola*, *Las manos del día*, *Fin de mundo*, *La espada encendida*, *Maremoto*, *Geografía infructuosa*, *Incitación al nixonicidio y alabanza de la revolución chilena*, *La rosa separada*, *El mar y las campanas*, *2000*, *Jardín de invierno*, *El corazón amarillo*, *El libro de las preguntas*, *Elegía*, *Defectos escogidos*.

Nadie puede negarlo: es excesivo. Neruda no sería Neruda sin el exceso que, paradójicamente, empieza sólo después de los cuarenta y cinco años, una edad en que la mayoría de los poetas ya han dado cuanto iban a dar. Su obra se levanta como otra cordillera de los Andes y por tanto presenta cumbres y abismos. La montaña no podría alzarse si su elevación no implicara el despeñadero. Podemos precipitarnos en él o fijarnos en las alturas que sólo unos cuantos poetas han alcanzado. Estas dimensiones convocan siempre dos adjetivos: disparejo, irregular. Con todo, los poetas escasos también son disparejos. La gran poesía es la excepción y no la regla del verso.

EL CANTO PERSONAL

En 1962 sintió por vez primera la tentación autobiográfica y publicó en *O Cruzeiro Internacional* diez capítulos de sus memorias y recuerdos: *Las vidas del poeta*. Fueron la base para *Confieso que he vivido*, el libro que interrumpieron el golpe militar del 11 de septiembre y doce días después la muerte. Fue terminado por su viuda Matilde Urrutia y el novelista venezolano Miguel Otero Silva.

Para Neruda su lengua natural era la poesía y no la prosa. Su creencia de que no hay nada que no pueda decirse en verso lo llevó a escribir estos otros recuerdos «intermitentes y a ratos olvidadizos porque así precisamente es la vida». La ironía y la autocrítica templan una empresa que por necesidad es engrandecedora y mitificadora. En 1964 Neftalí Reyes Basoalto sabía muy bien que era «Pablo Neruda», el nombre, el renombre, la firma.

En *Canto general* Neruda respondió al desafío de Walt Whitman y al reproche de José Enrique Rodó a Rubén Darío: quiso y en gran parte logró ser el Poeta de América. *Memorial de Isla Negra* está en relación directa e inversa con aquel libro del medio siglo. Es su canto personal, no a sí mismo sino de sí mismo, como se traduciría en realidad el título whitmaniano *Song of Myself*, y responde a tres preguntas: «¿Quién fui? Qué fui? Qué fuimos?».

Donde nace la lluvia es en efecto el canto, no la narración, de su llegada al mundo en Parral, en el centro de Chile, entre el esplendor de las uvas «que nacieron desde mi madre muerta» y el espanto de «la tierra terrible»: los terremotos. El futuro Pablo Neruda crece en Temuco, bajo la lluvia de la Araucanía, con el padre conductor de una locomotora y con Trinidad Marverde, no madrastra sino «mamadre». Allí la poesía llega a buscarlo. Descubre al mismo tiempo el esplendor del mundo, «el don, la luz, la vida», y la sexualidad y la injusticia: «la rueda atroz de las desdichas», el «dolor, dolor, el pan del hombre». El hallazgo del mar equivale al encuentro con los libros. La canción de la niñez y de la adolescencia termina con la llegada a la «ciudad amarga», Santiago, cuando el poeta que ya lo es tiene veintiún años.

¿QUIÉN SOY AQUÉL?

La luna en el laberinto recuerda, celebra y lamenta los primeros amores y habla también de los amigos y de los *Veinte poemas* cuya resonancia el joven Neruda no podía haber imaginado. El centro del laberinto es el azar que lo condujo a escribir *Residencia en la tierra*: ser cónsul en Birmania, Ceilán, Java y Singapur, sentirse radicalmente extranjero en pleno corazón de las tinieblas bajo el peso de la noche colonial. A la angustia de aquellos poemas de juventud opone una afirmación que trasciende la precariedad de nuestras vidas:

> *La tierra surge como si viviera*
> *en mí, cierro los ojos, luego existo,*
> *cierro los ojos y se abre una nube,*
> *se abre una puerta al paso del perfume,*
> *entra un río cantando con sus piedras,*
> *me impregna la humedad del territorio,*
> *el vapor del otoño acumulado*
> *en las estatuas de su iglesia de oro,*
> *y aún después de muerto ya veréis*
> *cómo recojo aún la primavera,*
> *cómo asumo el rumor de las espigas*
> *y entra el mar por mis ojos enterrados.*

No dice «yo soy aquél», se pregunta: «¿Quién soy aquél?». La intensidad de los cinco libros se sustenta en su condición indagatoria, en su falta de certezas. Nadie sabe qué fue su vida. Escribir es una tentativa de precisar la nebulosa de las imágenes y escenas aisladas que llamamos memoria. El pasado es tan misterioso como el porvenir. No sabemos qué nos espera, tampoco podemos precisar cómo y por qué llegamos hasta aquí. Cada poema de *Isla Negra* es una aproximación a este enigma indescifrable. Nunca sabrá, jamás sabremos por qué Neruda es Neruda, cómo Neftalí Reyes Basoalto se transformó en «Pablo Neruda».

Cuando gracias a un texto la vida se convierte en biografía y la cotidianidad es despojada de sus ripios y lastres, la infinita acumulación de causas y efectos parece adquirir un sentido y configurar lo que llamamos un destino. Con la ventaja de los años se diría que el destino de Neruda era llegar a España en 1934, reunirse con la parte española de su generación, el grupo del 27, y sufrir los desastres de la guerra. La militancia comunista y el *Canto general* tal vez no hubieran existido si Neruda se queda de cónsul chileno en Asia. Pero sólo cuenta lo que fue, no lo que pudo ser.

El tercer libro, *El fuego cruel*, revisita los lugares de la *Tercera residencia*. Por momentos parece escrito más por voluntad que por necesidad, recuerda las partes débiles de las *Odas elementales* y también los momentos en que el poderío lírico vuelve a dominar el escenario:

> *Sí, pero aquí estoy solo.*
> *Se levanta*
> *una ola,*
> *tal vez dice su nombre, no comprendo,*
> *murmura, arrastra el peso*
> *de espuma y movimiento*
> *y se retira. A quién*
> *preguntaré lo que me dijo?*
> *A quién entre las olas*
> *podré nombrar?*
> *Y espero.*

A menudo se esgrimen contra Neruda los ditirambos a Stalin y a Mao que figuran en *Las uvas y el viento*, su contribución de 1953 a la guerra fría. Imposible objetar a los objetadores: un elogio al poder, todo poder, degrada a la poesía y al poeta; nadie debe quedar a salvo de la crítica.

Pero la obra de Neruda no puede reducirse a esas páginas circunstanciales, y él no trató de esconder ni de borrar lo que había escrito. En *Fin de mundo* hizo su dolorosa rectificación y ya en *El cazador de raíces*, la penúltima parte de este *Memorial de Isla Negra*, se pregunta: «Qué pasó? Qué pasó? Cómo pasó? / Cómo pudo pasar?», y se refiere a Stalin como: «Y aquel muerto regía la crueldad / desde su propia estatua innumerable: aquel inmóvil gobernó la vida».

Por lo demás, el verso sirve para todo. El último libro publicado por Neruda, *Incitación al nixonicidio y alabanza de la revolución chilena*, no aspira a presentarse como poesía lírica o épica. Es una defensa de Salvador Allende en vísperas de su derrocamiento por el general Pinochet y el Departamento de

Estado y opta por ser un panfleto, en el sentido original de coyuntura y urgencia, que emplea con la mayor eficacia la rima y formas tan tradicionales como los tercetos.

PARA EL SIGLO XXI

Memorial de Isla Negra inicia la última década, la etapa final de Pablo Neruda. Si los lectores de su propio siglo no tuvimos la capacidad de explorarla ni de entenderla, los del siglo XXI leerán a otro Neruda, un poeta muerto que no ha muerto y cada día escribe mejor. Sí, Neruda resiste, Neruda permanece.

Memorial de Isla Negra

[1962-1964]

I

DONDE NACE LA LLUVIA

Nacimiento

Nació un hombre
entre muchos
que nacieron,
vivió entre muchos hombres
que vivieron,
y esto no tiene historia
sino tierra,
tierra central de Chile, donde
las viñas encresparon sus cabelleras verdes,
la uva se alimenta de la luz,
el vino nace de los pies del pueblo.

Parral se llama el sitio
del que nació
en invierno.

Ya no existen
la casa ni la calle:
soltó la cordillera
sus caballos,
se acumuló
el profundo
poderío,
brincaron las montañas
y cayó el pueblo
envuelto
en terremoto.

Y así muros de adobe,
retratos en los muros,
muebles desvencijados
en las salas oscuras,
silencio entrecortado por las moscas,
todo volvió
a ser polvo:
sólo algunos guardamos
forma y sangre,
sólo algunos, y el vino.

Siguió el vino viviendo,
subiendo hasta las uvas
desgranadas
por el otoño
errante,
bajó a lagares sordos,
a barricas
que se tiñeron con su suave sangre,
y allí bajo el espanto
de la tierra terrible
siguió desnudo y vivo.

Yo no tengo memoria
del paisaje ni tiempo,
ni rostros, ni figuras,
sólo polvo impalpable,
la cola del verano
y el cementerio en donde
me llevaron
a ver entre las tumbas
el sueño de mi madre.
Y como nunca vi
su cara
la llamé entre los muertos, para verla,
pero como los otros enterrados,
no sabe, no oye, no contestó nada,
y allí se quedó sola, sin su hijo,

huraña y evasiva
entre las sombras.
Y de allí soy, de aquel
Parral de tierra temblorosa,
tierra cargada de uvas
que nacieron
desde mi madre muerta.

Primer viaje

No sé cuándo llegamos a Temuco.
Fue impreciso nacer y fue tardío
nacer de veras, lento,
y palpar, conocer, odiar, amar,
todo esto tiene flor y tiene espinas.
Del pecho polvoriento de mi patria
me llevaron sin habla
hasta la lluvia de la Araucanía.
Las tablas de la casa
olían a bosque,
a selva pura.
Desde entonces mi amor
fue maderero
y lo que toco se convierte en bosque.
Se me confunden
los ojos y las hojas,
ciertas mujeres con la primavera
del avellano, el hombre con el árbol,
amo el mundo del viento y del follaje,
no distingo entre labios y raíces.

Del hacha y de la lluvia fue creciendo
la ciudad maderera
recién cortada como
nueva estrella con gotas de resina,

y el serrucho y la sierra
se amaban noche y día
cantando,
trabajando,
y ese sonido agudo de cigarra
levantando un lamento
en la obstinada soledad, regresa
al propio canto mío:
mi corazón sigue cortando el bosque,
cantando con las sierras en la lluvia,
moliendo frío y aserrín y aroma.

La mamadre

La mamadre viene por ahí,
con zuecos de madera. Anoche
sopló el viento del polo, se rompieron
los tejados, se cayeron
los muros y los puentes,
aulló la noche entera con sus pumas,
y ahora, en la mañana
de sol helado, llega
mi mamadre, doña
Trinidad Marverde,
dulce como la tímida frescura
del sol en las regiones tempestuosas,
lamparita
menuda y apagándose,
encendiéndose
para que todos vean el camino.

Oh dulce mamadre
—nunca pude
decir madrastra—,
ahora

mi boca tiembla para definirte,
porque apenas
abrí el entendimiento
vi la bondad vestida de pobre trapo oscuro,
la santidad más útil:
la del agua y la harina,
y eso fuiste: la vida te hizo pan
y allí te consumimos,
invierno largo a invierno desolado
con las goteras dentro
de la casa
y tu humildad ubicua
desgranando
el áspero
cereal de la pobreza
como si hubieras ido
repartiendo
un río de diamantes.

Ay mamá, cómo pude
vivir sin recordarte
cada minuto mío?
No es posible. Yo llevo
tu Marverde en mi sangre,
el apellido
del pan que se reparte,
de aquellas
dulces manos
que cortaron del saco de la harina
los calzoncillos de mi infancia,
de la que cocinó, planchó, lavó,
sembró, calmó la fiebre,
y cuando todo estuvo hecho,
y ya podía
yo sostenerme con los pies seguros,
se fue, cumplida, oscura,
al pequeño ataúd
donde por vez primera estuvo ociosa
bajo la dura lluvia de Temuco.

El padre

El padre brusco vuelve
de sus trenes:
reconocimos
en la noche
el pito
de la locomotora
perforando la lluvia
con un aullido errante,
un lamento nocturno,
y luego
la puerta que temblaba:
el viento en una ráfaga
entraba con mi padre
y entre las dos pisadas y presiones
la casa
se sacudía,
las puertas asustadas
se golpeaban con seco
disparo de pistolas,
las escalas gemían
y una alta voz
recriminaba, hostil,
mientras la tempestuosa
sombra, la lluvia como catarata
despeñada en los techos
ahogaba poco a poco
el mundo
y no se oía nada más que el viento
peleando con la lluvia.

Sin embargo, era diurno.
Capitán de su tren, del alba fría,
y apenas despuntaba

el vago sol, allí estaba su barba,
sus banderas
verdes y rojas, listos los faroles,
el carbón de la máquina en su infierno,
la Estación con los trenes en la bruma
y su deber hacia la geografía.

El ferroviario es marinero en tierra
y en los pequeños puertos sin marina
–pueblos del bosque– el tren corre que corre
desenfrenando la naturaleza,
cumpliendo su navegación terrestre.
Cuando descansa el largo tren
se juntan los amigos,
entran, se abren las puertas de mi infancia,
la mesa se sacude,
al golpe de una mano ferroviaria
chocan los gruesos vasos del hermano
y destella
el fulgor
de los ojos del vino.

Mi pobre padre duro
allí estaba, en el eje de la vida,
la viril amistad, la copa llena.
Su vida fue una rápida milicia
y entre su madrugar y sus caminos,
entre llegar para salir corriendo,
un día con más lluvia que otros días
el conductor José del Carmen Reyes
subió al tren de la muerte y hasta ahora no ha vuelto.

El primer mar

Descubrí el mar. Salía de Carahue
el Cautín a su desembocadura
y en los barcos de rueda comenzaron
los sueños y la vida a detenerme,
a dejar su pregunta en mis pestañas.
Delgado niño o pájaro,
solitario escolar o pez sombrío,
iba solo en la proa,
desligado
de la felicidad, mientras
el mundo
de la pequeña nave
me ignoraba
y desataba el hilo
de los acordeones,
comían y cantaban
transeúntes
del agua y del verano,
yo, en la proa, pequeño
inhumano,
perdido,
aún sin razón ni canto,
ni alegría,
atado al movimiento de las aguas
que iban entre los montes apartando
para mí solo aquellas soledades,
para mí solo aquel camino puro,
para mí solo el universo.

Embriaguez de los ríos,
márgenes de espesuras y fragancias,
súbitas piedras, árboles quemados,
y tierra plena y sola.

Hijo de aquellos ríos
me mantuve
corriendo por la tierra,
por las mismas orillas
hacia la misma espuma
y cuando el mar de entonces
se desplomó como una torre herida,
se incorporó encrespado de su furia,
salí de las raíces,
se me agrandó la patria,
se rompió la unidad de la madera:
la cárcel de los bosques
abrió una puerta verde
por donde entró la ola con su trueno
y se extendió mi vida
con un golpe de mar, en el espacio.

La tierra austral

La gran frontera. Desde
el Bío Bío
hasta Reloncaví, pasando
por
Renaico, Selva Oscura,
Pillanlelbún, Lautaro,
y más allá los huevos de perdices,
los densos musgos de la selva,
las hojas en el humus,
transparentes
—sólo delgados nervios—,
las arañas
de cabellera parda,
una culebra
como un escalofrío
cruza el estero oscuro,

brilla
y desaparece,
los hallazgos
del bosque,
el extravío
bajo
la bóveda, la nave,
la tiniebla del bosque,
sin rumbo,
pequeñísimo, cargado de alimañas,
de frutos, de plumajes,
voy perdido
en la más oscura
entraña de lo verde:
silban aves glaciales,
deja caer un árbol
algo que vuela y cae
sobre mi cabeza.

Estoy solo
en las selvas natales,
en la profunda
y negra Araucanía.
Hay alas
que cortan con tijeras el silencio,
una gota que cae
pesada y fría como
una herradura.
Suena y se calla el bosque:
se calla cuando escucho,
suena cuando me duermo,
entierro
los fatigados pies
en el detritus
de viejas flores, en las defunciones
de aves, hojas y frutos,
ciego, desesperado,
hasta que un punto brilla:

es una casa.
Estoy vivo de nuevo.
Pero, sólo de entonces,
de los pasos perdidos,
de la confusa soledad, del miedo,
de las enredaderas,
del cataclismo verde, sin salida,
volví con el secreto:
sólo entonces y allí pude saberlo,
en la escarpada orilla de la fiebre,
allí, en la luz sombría,
se decidió mi pacto
con la tierra.

El colegio de invierno

Colegio e invierno son dos hemisferios,
una sola manzana fría y larga,
pero bajo las salas descubrimos
subterráneos poblados por fantasmas,
y en el secreto mundo
caminamos
con respeto.

Es la sombra enterrada,
las luchas sin objeto
con espadas de palo,
bandas crepusculares
armadas de bellotas,
hijos enmascarados
del escolar subsuelo.

Luego el río y el bosque, las ciruelas
verdes, y Sandokán y Sandokana,
la aventura con ojos de leopardo,

el verano color de trigo,
la luna llena sobre los jazmines,
y
todo cambia:
algo rodó del cielo,
se desprendió una estrella
o palpitó la tierra
en tu camisa,
algo increíble se mezcló a tu arcilla
y comenzó el amor a devorarte.

El sexo

La puerta en el crepúsculo,
en verano.
Las últimas carretas
de los indios,
una luz indecisa
y el humo
de la selva quemada
que llega hasta las calles
con los aromas rojos,
la ceniza
del incendio distante.

Yo, enlutado,
severo,
ausente,
con pantalones cortos,
piernas flacas,
rodillas
y ojos que buscan
súbitos tesoros,
Rosita y Josefina
al otro lado

de la calle,
llenas de dientes y ojos,
llenas de luz y con voz como pequeñas
guitarras escondidas
que me llaman.
Y yo crucé
la calle, el desvarío,
temeroso,
y apenas
llegué
me susurraron,
me tomaron las manos,
me taparon los ojos
y corrieron conmigo,
con mi inocencia
a la Panadería.

Silencio de mesones, grave
casa del pan, deshabitada,
y allí las dos
y yo su prisionero
en manos de
la primera Rosita,
la última Josefina.
Quisieron
desvestirme,
me fugué, tembloroso,
y no podía
correr, mis piernas
no podían
llevarme. Entonces
las
fascinadoras
produjeron
ante mi vista
un milagro:
un minúsculo
nido

de avecilla salvaje
con cinco huevecitos,
con cinco uvas blancas,
un pequeño
racimo
de la vida del bosque,
y yo estiré
la mano,
mientras
trajinaban mi ropa,
me tocaban,
examinaban con sus grandes ojos
su primer hombrecito.

Pasos pesados, toses,
mi padre que llegaba
con extraños,
y corrimos
al fondo y a la sombra
las dos piratas
y yo su prisionero,
amontonados
entre las telarañas, apretados
bajo un mesón, temblando,
mientras el milagro,
el nido
de los huevecitos celestes
cayó y luego los pies de los intrusos
demolieron fragancia y estructura.
Pero, con las dos niñas
en la sombra
y el miedo,
entre el olor de la harina,
los pasos espectrales,
la tarde que se convertía en sombra,
yo sentí que cambiaba
algo
en mi sangre

y que subía a mi boca,
a mis manos,
una eléctrica
flor,
la
flor
hambrienta
y pura
del deseo.

La poesía

Y fue a esa edad... Llegó la poesía
a buscarme. No sé, no sé de dónde
salió, de invierno o río.
No sé cómo ni cuándo,
no, no eran voces, no eran
palabras, ni silencio,
pero desde una calle me llamaba,
desde las ramas de la noche,
de pronto entre los otros,
entre fuegos violentos
o regresando solo,
allí estaba sin rostro
y me tocaba.

Yo no sabía qué decir, mi boca
no sabía
nombrar,
mis ojos eran ciegos,
y algo golpeaba en mi alma,
fiebre o alas perdidas,
y me fui haciendo solo,
descifrando
aquella quemadura,

y escribí la primera línea vaga,
vaga, sin cuerpo, pura
tontería,
pura sabiduría
del que no sabe nada,
y vi de pronto
el cielo
desgranado
y abierto,
planetas,
plantaciones palpitantes,
la sombra perforada,
acribillada
por flechas, fuego y flores,
la noche arrolladora, el universo.

Y yo, mínimo ser,
ebrio del gran vacío
constelado,
a semejanza, a imagen
del misterio,
me sentí parte pura
del abismo,
rodé con las estrellas,
mi corazón se desató en el viento.

La timidez

Apenas supe, solo, que existía
y que podría ser, ir continuando,
tuve miedo de aquello, de la vida,
quise que no me vieran,
que no se conociera mi existencia.
Me puse flaco, pálido y ausente,
no quise hablar para que no pudieran

reconocer mi voz, no quise ver
para que no me vieran,
andando, me pegué contra el muro
como una sombra que se resbalara.

Yo me hubiera vestido
de tejas rotas, de humo,
para seguir allí, pero invisible,
estar presente en todo, pero lejos,
guardar mi propia identidad oscura
atada al ritmo de la primavera.

Un rostro de muchacha, el golpe puro
de una risa partiendo en dos el día
como en dos hemisferios de naranja,
y yo cambié de calle,
ansioso de la vida y temeroso,
cerca del agua sin beber el frío,
cerca del fuego sin besar la llama,
y me cubrió una máscara de orgullo,
y fui delgado, hostil como una lanza,
sin que escuchara nadie
–porque yo lo impedía–
mi lamento
encerrado
como la voz de un perro herido
desde el fondo de un pozo.

Las Pacheco

No ha pasado aquel año
sin número ni nombre,
ni su cola desierta
ha desgranado
ciruelas ni semanas:

todo quedó escondido
debajo de mi frente.
Cierro los ojos y algo está quemándose,
bosques, praderas bailan en el humo,
y entro indeciso
por
aquellas puertas
que ya no existen, torres que murieron.

Fue aquella vez del día del verano.
Después del sol fluvial, desde Carahue
llegamos a la desembocadura
de Puerto Amor
que se llamaba
Puerto
Saavedra, caserío
de pequeñitas casas
golpeadas por el puño
del invierno.
Cinc y madera, muelles desdentados,
pinos de las orillas,
almacenes
con Fagaldes, Mariettas,
casas de enredaderas y Parodis,
y una entre todas
donde
entramos
mamadre, hermana, niños y colchones.

Oh galerías ocultando
el aroma
de madreselva en quiosco, flor trepante
con miel y soledad, quiosco vacío
que llené niebla a niebla con palomas,
con la más díscola melancolía.
Casa de las Pacheco!
Oh recuerdo
florido,

y por primera vez
el patio de amapolas!
Las blancas deshojaban
la blancura
o elevaban
las manos
del invierno,
las rojas
estampaban
súbita sangre
y
bocas laceradas,
y las negras
subían
sus serpientes de seda
y estallaban
en piel nocturna, en senos
africanos.

Las Pacheco leían
en la noche *Fantomas*
en voz alta
escuchando
alrededor del fuego, en la cocina,
y yo dormía oyendo
las hazañas,
las letras del puñal, las agonías,
mientras por vez primera
el trueno del Pacífico
iba desarrollando sus barriles
sobre mi sueño.
                          Entonces
mar y voz se perdían
sobre las amapolas
y mi pequeño corazón entraba
en la total embarcación del sueño.

El lago de los cisnes

Lago Budi, sombrío, pesada piedra oscura,
agua entre grandes bosques insepulta,
allí te abrías como puerta subterránea
cerca del solitario mar del fin del mundo.
Galopábamos por la infinita arena
junto a las millonarias espumas derramadas,
ni una casa, ni un hombre, ni un caballo,
sólo el tiempo pasaba y aquella orilla verde
y blanca, aquel océano.
Luego hacia las colinas y, de pronto,
el lago, el agua dura y escondida,
compacta luz, alhaja del anillo terrestre.
Un vuelo blanco y negro: los cisnes ahuyentaron
largos cuellos nocturnos, patas de cuero rojo,
y la nieve serena volando sobre el mundo.

Oh vuelo desde el agua equivalente,
mil cuerpos destinados a la inmóvil belleza
como la transparente permanencia del lago.
De pronto todo fue carrera sobre el agua,
movimiento, sonido, torres de luna llena,
y luego alas salvajes que desde el torbellino
se hicieron orden, vuelo, magnitud sacudida,
y luego ausencia, un temblor blanco en el vacío.

El niño perdido

Lenta infancia de donde
como de un pasto largo
crece el duro pistilo,
la madera del hombre.

Quién fui? Qué fui? Qué fuimos?

No hay respuesta. Pasamos.
No fuimos. Éramos. Otros pies,
otras manos, otros ojos.
Todo se fue mudando hoja por hoja
en el árbol. Y en ti? Cambió tu piel,
tu pelo, tu memoria. Aquél no fuiste.
Aquél fue un niño que pasó corriendo
detrás de un río, de una bicicleta,
y con el movimiento
se fue tu vida con aquel minuto.
La falsa identidad siguió tus pasos.
Día a día las horas se amarraron,
pero tú ya no fuiste, vino el otro,
el otro tú, y el otro hasta que fuiste,
hasta que te sacaste
del propio pasajero,
del tren, de los vagones de la vida,
de la substitución, del caminante.
La máscara del niño fue cambiando,
adelgazó su condición doliente,
aquietó su cambiante poderío:
el esqueleto se mantuvo firme,
la construcción del hueso se mantuvo,
la sonrisa,
el paso, un gesto volador, el eco
de aquel niño desnudo
que salió de un relámpago,
pero fue el crecimiento como un traje!
Era otro el hombre y lo llevó prestado.

Así pasó conmigo.

De silvestre
llegué a ciudad, a gas, a rostros crueles
que midieron mi luz y mi estatura,
llegué a mujeres que en mí se buscaron

como si a mí se me hubieran perdido,
y así fue sucediendo
el hombre impuro,
hijo del hijo puro,
hasta que nada fue como había sido,
y de repente apareció en mi rostro
un rostro de extranjero
y era también yo mismo:
era yo que crecía,
eras tú que crecías,
era todo,
y cambiamos
y nunca más supimos quiénes éramos,
y a veces recordamos
al que vivió en nosotros
y le pedimos algo, tal vez que nos recuerde,
que sepa por lo menos que fuimos él, que hablamos
con su lengua,
pero desde las horas consumidas
aquél nos mira y no nos reconoce.

La condición humana

Detrás de mí hacia el Sur, el mar había
roto los territorios con su glacial martillo,
desde la soledad arañada el silencio
se convirtió de pronto en archipiélago,
y verdes islas fueron ciñendo la cintura
de mi patria
como polen o pétalos de una rosa marina
y, aún más, eran profundos los bosques encendidos
por luciérnagas, el lodo era fosforescente,
dejaban caer los árboles largos cordeles secos
como en un circo, y la luz iba de gota en gota
como la bailarina verde de la espesura.

Yo crecí estimulado por razas silenciosas,
por penetrantes hachas de fulgor maderero,
por fragancias secretas de tierra, ubres y vino:
mi alma fue una bodega perdida entre los trenes
en donde se olvidaron durmientes y barricas,
alambre, avena, trigo, cochayuyo, tablones,
y el invierno con sus negras mercaderías.

Así mi cuerpo fue extendiéndose, de noche
mis brazos eran nieve,
mis pies el territorio huracanado,
y crecí como un río al aguacero,
y fui fértil con todo
lo que caía en mí, germinaciones,
cantos entre hoja y hoja, escarabajos
que procreaban, nuevas
raíces que ascendieron
al rocío,
tormentas que aún sacuden
las torres del laurel, el racimo escarlata
del avellano, la paciencia
sagrada del alerce,
y así mi adolescencia
fue territorio, tuve
islas, silencio, monte, crecimiento,
luz volcánica, barro de caminos,
humo salvaje de palos quemados.

La injusticia

Quien descubre el quién soy descubrirá el quién eres.
Y el cómo, y el adónde.
Toqué de pronto toda la injusticia.
El hambre no era sólo hambre,
sino la medida del hombre.

El frío, el viento, eran también medidas.
Midió cien hambres y cayó el erguido.
A los cien fríos fue enterrado Pedro.
Un solo viento duró la pobre casa.
Y aprendí que el centímetro y el gramo,
la cuchara y la lengua medían la codicia,
y que el hombre asediado se caía de pronto
a un agujero, y ya no más sabía.
No más, y ése era el sitio,
el real regalo, el don, la luz, la vida,
eso era, padecer de frío y hambre,
y no tener zapatos y temblar
frente al juez, frente a otro,
a otro ser con espada o con tintero,
y así a empellones, cavando y cortando,
cosiendo, haciendo pan, sembrando trigo,
pegándole a cada clavo que pedía madera,
metiéndose en la tierra como en un intestino
para sacar, a ciegas, el carbón crepitante
y, aún más, subiendo ríos y cordilleras,
cabalgando caballos, moviendo embarcaciones,
cociendo tejas, soplando vidrios, lavando ropa,
de tal manera que parecería
todo esto el reino recién levantado,
uva resplandeciente del racimo,
cuando el hombre se decidió a ser feliz,
y no era, no era así. Fui descubriendo
la ley de la desdicha,
el trono de oro sangriento,
la libertad celestina,
la patria sin abrigo,
el corazón herido y fatigado,
y un rumor de muertos sin lágrimas,
secos, como piedras que caen.
Y entonces dejé de ser niño
porque comprendí que a mi pueblo
no le permitieron la vida
y le negaron sepultura.

Los abandonados

No sólo el mar, no sólo costa, espuma,
pájaros de insumiso poderío,
no sólo aquellos y estos anchos ojos,
no sólo la enlutada noche con sus planetas,
no sólo la arboleda con su alta muchedumbre,
sino dolor, dolor, el pan del hombre.
Pero, por qué? Y entonces yo era
delgado como filo y más oscuro
que un pez de aguas nocturnas, y no pude,
no pude más, de un golpe quise cambiar la tierra.
Me pareció morder de pronto la hierba más amarga,
compartir un silencio manchado por el crimen.
Pero en la soledad nacen y mueren cosas,
la razón crece y crece hasta ser desvarío,
el pétalo se extiende sin llegar a la rosa,
la soledad es el polvo inútil del mundo,
la rueda que da vueltas sin tierra, ni agua, ni hombre.
Y así fue como grité perdido
y qué se hizo aquel grito desbocado en la infancia?
Quién oyó? Qué boca respondió? Qué camino tomé?
Qué respondieron
los muros cuando los golpeó mi cabeza?
Sube y vuelve la voz del débil solitario,
gira y gira la rueda atroz de las desdichas,
subió y volvió aquel grito, y no lo supo nadie,
no lo supieron ni los abandonados.

Las supersticiones

Tío Genaro volvía
de las montañas. El hombre
no tenía un hueso completo:
todo se lo rompió la tierra,
el caballo, la bala, el toro,
la piedra, la nieve, la suerte.
Dormía, a veces, en mi cuarto.
Luchaba con sus piernas tiesas
para meterse en su cama
como montándose a un caballo.
Resoplaba, maldecía, arrastraba,
escupiendo, las botas mojadas
y al fin, fumando, abría la boca
de los sucesos de la selva.
Así supe cómo el Maligno,
echando aliento de azufre,
se le apareció a Juan Navarro
implorándole fuego. Por suerte
antes de casi condenarse
Juan Navarro divisó su rabo
infernal, eléctrico, hirsuto,
por el suelo, debajo del poncho,
y tomando el rebenque azotó
sólo el vacío porque el Diablo
se disolvió, se volvió rama,
aire, noche de viento frío.
Ay qué Demonio más mañoso!

Genaro Candia fuma y fuma
mientras la gran lluvia de julio
cae y cae sobre Temuco,
y así la raza de la lluvia
procreaba sus religiones.

Aquella voz cascada, lenta
voz de intersticios, de quebradas,
voz del boldo, del aire frío,
de la racha, de las espinas,
aquella voz que reconstruía
el paso del puma sangriento,
el estilo negro del cóndor,
la enmarañada primavera
cuando no hay flor sino volcanes,
no hay corazón sino monturas,
las bestias despiadadas que caen
a los abismos, saltó la chispa
de un abanico de herraduras,
y luego sólo la muerte,
sólo el sinfín de la selva.
Don Genaro de poca lengua
sílaba a sílaba traía
sudor, sangre, espectros, heridas,
fuma que fuma, tío Genaro.
El dormitorio se llenó
de perros, de hojas, de caminos,
y escuché cómo en las lagunas
acecha un inocente cuero
flotante que apenas lo tocas
se convierte en bestia infernal
y te atrae hacia lo profundo,
hacia las desapariciones,
allí donde viven los muertos
en el fondo no sé dónde,
los decapitados del bosque,
los succionados por murciélagos
de alas inmensas y sedosas.
Todo era resbaladizo.
Cualquier sendero, un animal
que andaba solo, un fuego
que se paseaba en las praderas,
un caminante a plena luna,
un zorro suave que cojeaba,

44   *Pablo Neruda*

una hoja oscura que caía.
Apenas se alcanza a tocar
el escapulario, la cruz,
a persignarse, luego, fósforo,
cuerno quemado, azufre negro.
Pero no sólo en la intemperie
acecha el Malo, el tenebroso.
En lo profundo de las casas
un gemido, un lamento umbrío,
un arrastrarse de cadenas,
y la mujer muerta que acude
siempre a la nocturna cita,
y don Francisco Montero
que vuelve a buscar su caballo
allá abajo, junto al molino,
donde pereció con su esposa.

La noche es larga, la lluvia es larga,
diviso el fuego interminable
del cigarrillo, fuma, fuma
Genaro Candia, cuenta y cuenta.
Tengo miedo. Cae la lluvia
y entre el agua y el Diablo caigo
a una quebrada con azufre,
al infierno con sus caballos,
a las montañas desbocadas.

Me quedé dormido en el Sur
muchas veces, oyendo lluvia,
mientras mi tío Genaro
abría aquel saco oscuro
que traía de las montañas.

Los libros

Libros sagrados y sobados, libros
devorados, devoradores,
secretos,
en las faltriqueras:
Nietzsche, con olor a membrillos,
y subrepticio y subterráneo,
Gorki caminaba conmigo.
Oh aquel momento mortal
en las rocas de Victor Hugo
cuando el pastor casa a su novia
después de derrotar al pulpo,
y el Jorobado de París
sube circulando en las venas
de la gótica anatomía.
Oh María de Jorge Isaacs,
beso blanco en el día rojo
de las haciendas celestes
que allí se inmovilizaron
con el azúcar mentiroso
que nos hizo llorar de puros.

Los libros tejieron, cavaron,
deslizaron su serpentina
y poco a poco, detrás
de las cosas, de los trabajos,
surgió como un olor amargo
con la claridad de la sal
el árbol del conocimiento.

El Tren Nocturno

Oh largo Tren Nocturno,
muchas veces
desde el sur hacia el norte,
entre ponchos mojados,
cereales,
botas tiesas de barro,
en Tercera,
fuiste desenrollando geografía.
Tal vez comencé entonces
la página terrestre,
aprendí los kilómetros
del humo,
la extensión del silencio.

Pasábamos Lautaro,
robles, trigales, tierra
de luz sonora y agua
victoriosa:
los largos rieles continuaban lejos,
más lejos los caballos de la patria
iban atravesando
praderas
plateadas,
de pronto
el alto puente del Malleco,
fino
como un violín
de hierro claro,
después la noche y luego
sigue, sigue
el Tren Nocturno entre las viñas.

Otros eran los nombres
después de San Rosendo

en donde se juntaban
a dormir todas las locomotoras,
las del este y oeste,
las que venían desde el Bío Bío,
desde los arrabales,
desde el destartalado puerto de Talcahuano
hasta las que traían envuelto en vapor verde
las guitarras y el vino patricio de Rancagua.
Allí dormían
trenes
en el nudo
ferruginoso y gris de San Rosendo.

Ay, pequeño estudiante,
ibas cambiando
de tren y de planeta,
entrabas
en poblaciones pálidas de adobes,
polvo amarillo y uvas.
A la llegada ferroviaria, caras
en el sitio de los centauros,
no amarraban caballos sino coches,
primeros automóviles.
Se suavizaba el mundo
y cuando
miré hacia atrás,
llovía,
se perdía mi infancia.
Entró el Tren fragoroso
en Santiago de Chile, capital,
y ya perdí los árboles,
bajaban las valijas
rostros pálidos, y vi por vez primera
las manos del cinismo:
entré en la multitud que ganaba o perdía,
me acosté en una cama que no aprendió a esperarme,
fatigado dormí como la leña,
y cuando desperté
sentí un dolor de lluvia:

algo me separaba de mi sangre
y al salir asustado por
la calle
supe, porque sangraba,
que me habían cortado las raíces.

La pensión de la calle Maruri

Una calle Maruri.
Las casas no se miran, no se quieren,
sin embargo, están juntas.
Muro con muro, pero
sus ventanas
no ven la calle, no hablan,
son silencio.

Vuela un papel como una hoja sucia
del árbol del invierno.

La tarde quema un arrebol. Inquieto
el cielo esparce fuego fugitivo.

La bruma negra invade los balcones.

Abro mi libro. Escribo
creyéndome
en el hueco
de una mina, de un húmedo
socavón abandonado.
Sé que ahora no hay nadie,
en la casa, en la calle, en la ciudad amarga.
Soy prisionero con la puerta abierta,
con el mundo abierto,
soy estudiante triste perdido en el crepúsculo,
y subo hacia la sopa de fideos
y bajo hasta la cama y hasta el día siguiente.

II

LA LUNA EN EL LABERINTO

Amores: Terusa (I)

Y cómo, en dónde yace
aquel
antiguo amor?
Es ahora
una tumba de pájaro, una gota
de cuarzo negro,
un trozo
de madera roída por la lluvia?

Y de aquel cuerpo que como la luna
relucía en la oscura primavera
del Sur,
qué quedará?
La mano
que sostuvo
toda la transparencia y el rumor
del río sosegado,
los ojos en el bosque,
anchos, petrificados
como los minerales de la noche,
los pies
de la muchacha de mis sueños,
pies de espiga, de trigo, de cereza,
adelantados, ágiles, volantes,
entre mi infancia pálida y el mundo?
Dónde está el amor muerto?
El amor, el amor,

dónde se va a morir?
A los graneros
remotos,
al pie de los rosales que murieron
bajo los siete pies de la ceniza
de aquellas casas pobres
que se llevó un incendio de la aldea?

Oh amor
de la primera luz del alba,
del mediodía acérrimo
y sus lanzas,
amor con todo el cielo
gota a gota
cuando la noche cruza
por el mundo
en su total navío,
oh amor
de soledad
adolescente,
oh gran violeta
derramada
con aroma y rocío
y estrellada frescura
sobre el rostro:
aquellos besos
que
trepaban
por la piel, enramándose y mordiendo,
desde los puros cuerpos extendidos
hasta la piedra azul de la nave nocturna.

Terusa de ojos anchos,
a la luna
o al sol de invierno, cuando
las provincias
reciben el dolor, la alevosía
del olvido inmenso

y tú brillas, Terusa,
como el cristal quemado
del topacio,
como la quemadura
del clavel,
como el metal que estalla en el relámpago
y transmigra a los labios de la noche.

Terusa
abierta entre las amapolas,
centella
negra
del primer dolor,
estrella entre los peces,
a la luz
de la pura corriente genital,
ave morada del primer abismo,
sin alcoba, en el reino
del corazón visible
cuya miel inauguran los almendros,
el polen incendiario
de la retama agreste,
el toronjil de tentativas verdes,
la patria de los misteriosos musgos.

Sonaban las campanas de Cautín,
todos los pétalos pedían algo,
no renunciaba a nada la tierra,
el agua parpadeaba
sin cesar:
quería abrir el verano,
darle al fin una herida,
se despeñaba en furia
el río que venía de los Andes,
se convertía en una estrella dura
que clavaba la selva,
la orilla,
los peñascos:

allí no habita nadie:
sólo el agua y la tierra
y los trenes que aullaban,
los trenes del invierno
en sus ocupaciones
atravesando el mapa
solitario:
reino mío,
reino de las raíces
con fulgor de menta,
cabellera de helechos,
pubis mojado,
reino de mi perdida pequeñez
cuando yo vi nacer la tierra
y yo formaba parte
de la mojada
integridad
terrestre:
lámpara entre los gérmenes y el agua,
en el nacimiento del trigo,
patria de las maderas
que morían
aullando en el aullido
de los aserraderos:
el humo, alma balsámica
del salvaje
crepúsculo,
atado
como un peligroso prisionero
a las regiones de la selva,
a Loncoche,
a Quitratúe,
a los embarcaderos de Maullín,
y yo naciendo
con tu amor,
Terusa,
con tu amor deshojado
sobre mi piel sedienta

como
si las cascadas
del azahar, del ámbar, de la harina,
hubieran transgredido mi substancia
y yo desde esa hora te llevara,
Terusa,
inextinguible
aún en el olvido,
a través
de las edades oxidadas,
aroma
señalado,
profunda madreselva o canto
o sueño
o luna que amasaron los jazmines
o amanecer del trébol junto al agua
o amplitud de la tierra con sus ríos
o demencia de flores o tristeza
o signo del imán o voluntad
del mar radiante y su baile infinito.

Amores: Terusa (II)

Llegan los 4 números del año.
Son como 4 pájaros felices.
Se sientan en un hilo
contra el tiempo desnudo.
Pero, ahora
no cantan.
Devoraron el trigo, combatieron
aquella primavera
y corola a corola no quedó
sino este largo espacio.

Ahora que tú llegas de visita,
antigua amiga, amor, niña invisible,
te ruego que te sientes
otra vez
en la hierba.

Ahora me parece
que cambió tu cabeza.
Por qué
para venir
cubriste con ceniza
la cabellera de carbón valiente
que desplegué en mis manos, en el frío
de las estrellas de Temuco?
En dónde están tus ojos?
Por qué te has puesto esta mirada estrecha
para mirarme si yo soy el mismo?
Dónde dejaste tu cuerpo de oro?
Qué pasó con tus manos entreabiertas
y su fosforescencia de jazmín?

Entra en mi casa, mira el mar conmigo.
Una a una las olas
gastaron
nuestras vidas
y se rompía no sólo la espuma,
sino que las cerezas,
los pies,
los labios
de la edad cristalina.

Adiós, ahora te ruego
que regreses
a tu silla de ámbar
en la luna,
vuelve a la madreselva del balcón,
regresa
a la imagen ardiente,

acomoda tus ojos
a los ojos
aquellos,
lentamente dirígete
al retrato
radiante,
entra en él
hasta el fondo,
en su sonrisa,
y mírame
con su inmovilidad, hasta que yo
vuelva a verte
desde aquél,
desde entonces,
desde el que fui en tu corazón florido.

1921

La canción de la fiesta... Octubre,
premio
de la primavera:
un Pierrot de voz ancha que desata
mi poesía sobre la locura
y yo, delgado filo
de espada negra entre jazmín y máscaras
andando aún ceñidamente solo,
cortando multitud con la melancolía
del viento Sur, bajo los cascabeles
y el desarrollo de las serpentinas.
Y luego, uno por uno,
línea a línea en la casa y en la calle
germina el nuevo libro,
20 poemas de sabor salado
como veinte olas de mujer y mar,
y entre el viaje de vuelta a la provincia

con el gran río de Puerto Saavedra
y el pavoroso golpe del océano
entre una soledad y un beso apenas
arrancado al amor: hoja por hoja
como si un árbol lento despertara
nació el pequeño libro tempestuoso.
Y nunca al escribirlo
en trenes o al regreso
de la fiesta o la furia de los celos
o de la noche abierta en el costado
del verano como una herida espléndida,
atravesado por la luz del cielo
y el corazón cubierto de rocío,
nunca supuso el solitario joven,
desbocado de amor, que su cadena,
la prisión sin salida de unos ojos,
de una piel devorante, de una boca,
seguiría quemando todo aquello
y aquella intimidad y soledad
continuaría abriendo en otros seres
una rosa perpetua, un largo beso,
un fuego interminable de amapolas.

Amores: la ciudad

Estudiantil amor con mes de octubre,
con cerezos ardiendo en pobres calles
y tranvías trinando en las esquinas,
muchachas como el agua, cuerpos
en la greda de Chile, barro y nieve,
y luz y noche negra, reunidos,
madreselvas caídas en el lecho
con Rosa o Lina o Carmen ya desnudas,
despojadas tal vez de su misterio
o misteriosas al rodar

en el abrazo o espiral o torre
o cataclismo de jazmín y bocas:
fue ayer o fue mañana, dónde huyó
la fugaz primavera? Oh ritmo
de la eléctrica cintura,
oh latigazo claro de la esperma
saliendo de su túnel a la especie
y la vencida tarde con un nardo
a medio sueño y entre los papeles
mis líneas, allí escritas,
con el puro fermento, con la ola,
con la paloma y con la cabellera.
Amores de una vez, rápidos
y sedientos, llave a llave,
y aquel orgullo de ser compartidos!
Pienso que se fundó mi poesía
no sólo en soledad sino en un cuerpo
y en otro cuerpo, a plena piel de luna
y con todos los besos de la tierra.

Pampoesía

Poesía, estrellado patrimonio:
fue necesario
ir descubriendo con hambre y sin guía
tu terrenal herencia,
la luz lunar y la secreta espiga.

De soledad a multitud la llave
se perdía en las calles y en el bosque,
debajo de las piedras y en los trenes.

El primer sello es condición oscura,
grave embriaguez con una copa de agua,
el cuerpo ahíto sin haber comido,
el corazón mendigo con su orgullo.

Y mucho más que no dicen los libros
repletos de esplendor sin alegría:
ir picando una piedra que nos pesa,
ir disolviendo el mineral del alma
hasta que tú eres el que está leyendo,
hasta que el agua canta por tu boca.

Y esto es más fácil que mañana jueves
y más difícil que seguir naciendo
y es un oficio extraño que te busca
y que se esconde cuando lo buscaron
y es una sombra con el techo roto,
pero en los agujeros hay estrellas.

Locos amigos

Se abrió también la noche de repente,
la descubrí, y era una rosa oscura
entre un día amarillo y otro día.
Pero, para el que llega
del Sur, de las regiones
naturales, con fuego y ventisquero,
era la noche en la ciudad un barco,
una vaga bodega de navío.
Se abrían puertas y desde la sombra
la luz nos escupía:
bailaban hembra y hombre con zapatos
negros como ataúdes que brillaban
y se adherían uno a una como
las ventosas del mar, entre el tabaco,
el agrio vino, las conversaciones,
las carcajadas verdes del borracho.
Alguna vez una mujer cayéndose
en su pálido abismo, un rostro impuro
que me comunicaba ojos y boca.

Y allí senté mi adolescencia ardiendo
entre botellas rojas que estallaban
a veces derramando sus rubíes,
constelando fantásticas espadas,
conversaciones de la audacia inútil.
Allí mis compañeros:
Rojas Giménez extraviado
en su delicadeza,
marino de papel, estrictamente
loco, elevando
el humo en una copa
y en otra copa
su ternura errante,
hasta que así se fue de tumbo en tumbo,
como si el vino se lo hubiera llevado
a una comarca más y más lejana!
Oh hermano frágil, tantas
cosas gané contigo, tanto
perdí en tu desastrado corazón
como en un cofre roto,
sin saber que te irías con tu boca elegante,
sin saber que debías
también morir, tú que tenías
que dar lecciones a la primavera!
Y luego como un aparecido
que en plena fiesta estaba
escondido en lo oscuro
llegó Joaquín Cifuentes
de sus prisiones: pálida apostura,
rostro de mando en la lluvia,
enmarcado en las líneas del cabello
sobre la frente abierta a los dolores:
no sabía reír mi amigo nuevo:
y en la ceniza de la noche cruel
vi consumirse al Húsar de la Muerte.

«Ratón Agudo»

Entonces, tabernario y espumante,
maestro de nuevos vinos y blasfemia,
compañero Raúl *Ratón Agudo*
llegaste para enseñarme la hombría.
Y hombreando fuimos desafiantes, puros,
contra la espesa multitud del hampa
y fue tu corazón centelleante
conmigo como una buena linterna:
no hay caminos oscuros
con un buen camarada de camino
y era como contar con una espada,
contar con una mano pequeñita
como la tuya, frágil
y decidido hermano,
y era terrible tu respuesta, el ácido
resplandor de tu eléctrico lenguaje,
de la verba del barro,
de la chispa indeleble
que te brotaba
como
si fueras una fuente
cervantina:
la risotada antigua de los pícaros,
el idioma inventor de los cuchillos,
y no aprendiste en libros tu relámpago,
sino de defenderte a pura luz:
de terrenal sabías lo celeste:
de iletrado tu sal resplandecía:
eras el fruto antiguo de las calles,
uva de los racimos de mi pueblo.

Arce

De intermitentes días
y páginas nocturnas
surge Homero con apellido de árbol
y nombre coronado
y sigue siendo así, madera pura
de bosque y de pupitre
en donde cada veta
como rayo de miel hace la túnica
del corazón glorioso
y una corona de cantor callado
le da su nimbo justo de laurel.
Hermano cuya cítara impecable,
su secreto sonido,
se oye a pesar de cuerdas escondidas:
la música que llevas
resplandece,
eres tú la invisible poesía.
Aquí otra vez te doy porque has vivido
mi propia vida cual si fuera tuya,
gracias, y por los dones
de la amistad y de la transparencia,
y por aquel dinero que me diste
cuando no tuve pan, y por la mano
tuya cuando mis manos no existían,
y por cada trabajo
en que resucitó mi poesía
gracias a tu dulzura laboriosa.

Amores: Rosaura (I)

Rosaura de la rosa, de la hora
diurna, erguida
en la hora resbalante
del crepúsculo pobre, en la ciudad,
cuando brillan las tiendas
y el corazón se ahoga
en su propia región inexplorada
como el viajero perdido,
tarde, en la soledad de los pantanos.

Como un pantano es el amor:
entre número y número
de calle,
allí caímos,
nos atrapó el placer profundo,
se pega el cuerpo al cuerpo,
el pelo al pelo,
la boca al beso,
y en el paroxismo
se sacia la ola hambrienta
y se recogen
las láminas del légamo.

Oh amor de cuerpo a cuerpo,
sin palabras,
y la harina mojada que entrelaza
el frenesí de las palpitaciones,
el ronco ayer del hombre y la mujer,
un golpe en el rosal,
una oscura corola sacudida
vuelca las plumas de la oscuridad,
un circuito fosfórico,
te abrazo,

te condeno,
te muero,
y se aleja el navío del navío
haciendo las últimas señales
en el sueño del mar,
de la marea
que vuelve a su planeta intransigente,
a su preocupación, a la limpieza:
queda la cama
en medio
de la hora infiel,
crepúsculo, azucena vespertina:
ya partieron los náufragos:
allí quedaron las sábanas rotas,
la embarcación
herida,
vamos mirando el río Mapocho:
corre por él mi vida.

Rosaura de mi brazo,
va su vida en el agua,
el tiempo,
los tajamares de mampostería,
los puentes donde acuden
todos los pies cansados:
se va la ciudad por el río,
la luz por la corriente,
el corazón de barro
corre corre
corre amor por el tiempo
1923, uno
nueve
dos tres
son números
cada uno en el agua
que corría
de noche
en la sangre del río,

en el barro nocturno,
en las semanas
que cayeron al río
de la ciudad cuando yo recogí
tus manos pálidas:
Rosaura,
las habías olvidado
de tanto que volaban
en el humo:
allí se te olvidaron
en la esquina
de la calle Sazié, o en la plazuela
de Padura, en la picante rosa
del conventillo que nos compartía.

El minúsculo patio
guardó los excrementos
de los gatos errantes
y era una paz de bronce
la que surgía
entre los dos desnudos:
la calma dura de los arrabales:
entre los párpados
nos caía el silencio
como un licor oscuro:
no dormíamos:
nos preparábamos para el amor:
habíamos gastado
el pavimento,
la fatiga,
el deseo,
y allí por fin estábamos
sueltos, sin ropa, sin ir y venir,
y nuestra misión
era
derramarnos,
como si nos llenara demasiado
un silencioso líquido,

un pesado
ácido
devorante,
una substancia
que llenaba el perfil de tus caderas,
la sutileza pura de tu boca.

Rosaura,
pasajera
color de agua,
hija de Curicó, donde fallece el día
abrumado
por el peso y la nieve
de la gran cordillera:
tú eras hija
del frío
y antes de consumirte
en los adobes
de muros aplastantes
viniste a mí, a llorar o a nacer,
a quemarte en mi triste poderío
y tal vez no hubo más
fuego en tu vida,
tal vez no fuiste sino entonces.

Encendimos y apagamos el mundo,
tú te quedaste a oscuras:
yo seguí caminando los caminos,
rompiéndome las manos y los ojos,
dejé atrás el crepúsculo,
corté las amapolas vespertinas:
pasó un día que con su noche
procrearon
una nueva semana
y un año se durmió con otro año:
gota a gota
creció el tiempo,
hoja a hoja
el árbol transparente:

la ciudad polvorienta
cambió del agua al oro,
la guerra quemó pájaros y niños
en la Europa agobiada,
de Atacama el desierto
caminó con arena,
fuego y sal,
matando las raíces,
giraron en sus ácidos azules
los pálidos planetas,
tocó la luna un hombre,
cambió el pintor
y no pintó los rostros,
sino los signos y las cicatrices,
y tú qué hacías
sin el agujero
del dolor y el amor?
Y yo qué hacía
entre las hojas de la tierra?

Rosaura, otoño, lejos
luna de miel delgada,
campana taciturna:
entre nosotros dos el mismo río,
el Mapocho que huye
royendo las paredes y las casas,
invitando al olvido
como el tiempo.

Amores: Rosaura (II)

Nos dio el amor la única importancia.
La virtud física, el latido
que nace y se propaga,
la continuidad

del cuerpo
con la dicha,
y esa fracción de muerte
que nos iluminó hasta oscurecernos.

Para mí, para ti,
se abrió aquel goce
como la única
rosa
en los sordos arrabales,
en plena juventud raída,
cuando ya todo conspiró
para irnos matando poco a poco,
porque entre instituciones orinadas
por la prostitución y los engaños
no sabías qué hacer:
éramos el amor atolondrado
y la debilidad de la pureza:
todo estaba gastado por el humo,
por el gas negro,
por la enemistad
de los palacios y de los tranvías.

Un siglo entero deshojaba
su esplendor muerto,
su follaje
de cabezas degolladas,
goterones de sangre
caen de las cornisas,
no es la lluvia, no sirven
los paraguas,
se moría el tiempo
y ninguna y ninguno
se encontraron
cuando ya desde el trono los reinantes
habían decretado
la ley letal del hambre
y había que morir,

todo el mundo tenía que morir,
era una obligación,
un compromiso,
estaba escrito así:
entonces encontramos
en la rosa física
el fuego palpitante
y nos usamos
hasta el dolor:
hiriéndonos
vivíamos:
allí se confrontó la vida
con su esencia compacta:
el hombre, la mujer
y la invención del fuego.

Nos escapamos de la maldición
que pesaba
sobre el vacío, sobre la ciudad,
amor contra exterminio
y la verdad
robada
otra vez floreciendo,
mientras en la gran cruz
clavaban el amor,
lo prohibían,
nadie yo, nadie tú,
nadie nosotros,
nos defendimos brasa a brasa,
beso a beso.

Salen hojas recientes,
se pintan de azul las puertas,
hay una nube náyade,
suena un violín bajo el agua:
es así en todas partes:
es el amor victorioso.

Primeros viajes

Cuando salí a los mares fui infinito.
Era más joven yo que el mundo entero.
Y en la costa salía a recibirme
el extenso sabor del universo.

Yo no sabía que existía el mundo.

Yo creía en la torre sumergida.

Había descubierto tanto en nada,
en la perforación de mi tiniebla,
en los ay del amor, en las raíces,
que fui el deshabitado que salía:
un pobre propietario de esqueleto.

Y comprendí que iba desnudo,
que debía vestirme,
nunca había mirado los zapatos,
no hablaba los idiomas,
no sabía leer sino leerme,
no sabía vivir sino esconderme,
y comprendí que no podía
llamarme más porque no acudiría:
aquella cita había terminado:
nunca más, nunca más, decía el cuervo.

Tenía que contar con tanta nube,
con todos los sombreros de este mundo,
con tantos ríos, antesalas, puertas,
y tantos apellidos, que aprendiéndolos
me iba a pasar toda la perra vida.

Estaba lleno el mundo de mujeres,
atiborrado como escaparate,
y de las cabelleras que aprendí de repente,
de tanto pecho puro y espléndidas caderas
supe que Venus no tenía espuma:
estaba seca y firme con dos brazos eternos
y resistía con su nácar duro
la genital acción de mi impudicia.

Para mí todo era nuevo. Y caía
de puro envejecido este planeta:
todo se abría para que viviera,
para que yo mirara ese relámpago.

Y con pequeños ojos de caballo
miré el telón más agrio que subía:
que subía sonriendo a precio fijo:
era el telón de la marchita Europa.

París 1927

París, rosa magnética,
antigua obra de araña,
estaba allí, plateada,
entre el tiempo del río que camina
y el tiempo arrodillado en Notre Dame:
una colmena de la miel errante,
una ciudad de la familia humana.

Todos habían venido,
y no cuento a los nómades
de mi propio país deshabitado:
allí andaban los lentos
con las locas chilenas
dando más ojos negros a la noche
que crepitaba. Dónde estaba el fuego?

El fuego se había ido de París.

Había quedado una sonrisa clara
como una multitud de perlas tristes
y el aire dispersaba un ramo roto
de desvaríos y razonamientos.
Tal vez eso era todo:
humo y conversación. Se iba la noche
de los cafés y entraba el día
a trabajar como un gañán feroz,
a limpiar escaleras,
a barrer el amor y los suplicios.

Aún quedaban tangos en el suelo,
alfileres de iglesia colombiana,
anteojos y dientes japoneses,
tomates uruguayos,
algún cadáver flaco de chileno,
todo iba a ser barrido,
lavado por inmensas lavanderas,
todo terminaría para siempre:
exquisita ceniza para los ahogados
que ondulaban en forma incomprensible
en el olvido natural del Sena.

El opio en el Este

Ya desde Singapur olía a opio.
El buen inglés sabía lo que hacía.
En Ginebra tronaba
contra los mercaderes clandestinos
y en las Colonias cada puerto
echaba un tufo de humo autorizado
con número oficial y licencia jugosa.
El *gentleman* oficial de Londres

vestido de impecable ruiseñor
(con pantalón rayado y almidón de armadura)
trinaba contra el vendedor de sombras,
pero aquí en el Oriente
se desenmascaraba
y vendía el letargo en cada esquina.

Quise saber. Entré. Cada tarima
tenía su yacente,
nadie hablaba, nadie reía, creí
que fumaban en silencio.
Pero chasqueaba junto a mí la pipa
al cruzarse la llama con la aguja
y en esa aspiración de la tibieza
con el humo lechoso entraba al hombre
una estática dicha, alguna puerta lejos
se abría hacia un vacío suculento:
era el opio la flor de la pereza,
el goce inmóvil,
la pura actividad sin movimiento.

Todo era puro o parecía puro,
todo en aceite y gozne resbalaba
hasta llegar a ser sólo existencia,
no ardía nada, ni lloraba nadie,
no había espacio para los tormentos
y no había carbón para la cólera.

Miré: pobres caídos,
peones, *coolies* de *ricksha* o plantación,
desmedrados trotantes,
perros de calle,
pobres maltratados.
Aquí, después de heridos,
después de ser no seres sino pies,
después de no ser hombres sino brutos de carga,
después de andar y andar y sudar y sudar
y sudar sangre y ya no tener alma,

aquí estaban ahora,
solitarios,
tendidos,
los yacentes por fin, los pata dura:
cada uno con hambre había comprado
un oscuro derecho a la delicia,
y bajo la corola del letargo,
sueño o mentira, dicha o muerte, estaban
por fin en el reposo que busca toda vida,
respetados, por fin, en una estrella.

Rangoon 1927

En Rangoon era tarde para mí.
Todo lo habían hecho:
una ciudad
de sangre,
sueño y oro.
El río que bajaba
de la selva salvaje
a la ciudad caliente,
a las calles leprosas
en donde un hotel blanco para blancos
y una pagoda de oro para gente dorada
era cuanto
pasaba
y no pasaba.
Rangoon, gradas heridas
por los escupitajos
del betel,
las doncellas birmanas
apretando al desnudo
la seda
como si el fuego acompañase
con lenguas de amaranto

la danza, la suprema
danza:
el baile de los pies hacia el Mercado,
el ballet de las piernas por las calles.
Suprema luz que abrió sobre mi pelo
un globo cenital, entró en mis ojos
y recorrió en mis venas
los últimos rincones de mi cuerpo
hasta otorgarse la soberanía
de un amor desmedido y desterrado.

Fue así, la encontré cerca
de los buques de hierro
junto a las aguas sucias
de Martabán: miraba
buscando hombre:
ella también tenía
color duro de hierro,
su pelo era de hierro,
y el sol pegaba en ella como en una herradura.

Era mi amor que yo no conocía.

Yo me senté a su lado
sin mirarla
porque yo estaba solo
y no buscaba río ni crepúsculo,
no buscaba abanicos,
ni dinero ni luna,
sino mujer, quería
mujer para mis manos y mi pecho,
mujer para mi amor, para mi lecho,
mujer plateada, negra, puta o pura,
carnívora celeste, anaranjada,
no tenía importancia,
la quería para amarla y no amarla,
la quería para plato y cuchara,
la quería de cerca, tan de cerca

que pudiera morderle los dientes con mis besos,
la quería fragante a mujer sola,
la deseaba con olvido ardiente.

Ella tal vez quería
o no quería lo que yo quería,
pero allí en Martabán, junto al agua de hierro,
cuando llegó la noche, que allí sale del río,
como una red repleta de pescados inmensos,
yo y ella caminamos juntos a sumergirnos
en el placer amargo de los desesperados.

Religión en el Este

Allí en Rangoon comprendí que los dioses
eran tan enemigos como Dios
del pobre ser humano.
                         Dioses
de alabastro tendidos
como ballenas blancas,
dioses dorados como las espigas,
dioses serpientes enroscados
al crimen de nacer,
budhas desnudos y elegantes
sonriendo en el *cocktail*
de la vacía eternidad
como Cristo en su cruz horrible,
todos dispuestos a todo,
a imponernos su cielo,
todos con llagas o pistola
para comprar piedad o quemarnos la sangre,
dioses feroces del hombre
para esconder la cobardía,
y allí todo era así,
toda la tierra olía a cielo,
a mercadería celeste.

Monzones

Luego me fui a vivir a contramar.

Fue mi morada en mágicas regiones
erigida, capítulo de ola,
zona de viento y sal, párpado y ojo
de una tenaz estrella submarina.
Espléndido era el sol descabellado,
verde la magnitud de las palmeras,
bajo un bosque de mástiles y frutos
el mar más duro que una piedra azul,
por el cielo pintado cada día
nunca la frágil nave de una nube,
sino a veces la insólita asamblea
–tórrido trueno y agua destronada,
catarata y silbido de la furia–,
el preñado monzón que reventaba
desenvolviendo el saco de su fuerza.

Aquella luz

Esta luz de Ceylán me dio la vida,
me dio la muerte cuando yo vivía,
porque vivir adentro de un diamante
es solitaria escuela de enterrado,
es ser ave de pronto transparente,
araña que hila el cielo y se despide.

Esta luz de las islas me hizo daño,
me dejó para siempre circunspecto
como si el rayo de la miel remota
me sujetara al polvo de la tierra.

Llegué más extranjero que los pumas
y me alejé sin conocer a nadie
porque tal vez me trastornó los sesos
la luz occipital del paraíso.
(La luz que cae sobre el traje negro
y perfora la ropa y el decoro,
por eso desde entonces mi conflicto
es conservarme cada día desnudo.)

No entenderá tal vez el que no estuvo
tan lejos como yo para acercarse
ni tan perdido que ya parecía
un número nocturno de carbones.

Y entonces sólo pan y sólo luz.

Luz en el alma, luz en la cocina,
de noche luz y de mañana luz
y luz entre las sábanas del sueño.
Hasta que amamantado de este modo
por la cruel claridad de mi destino
no tengo más remedio que vivir
entre desesperado y luminoso
sintiéndome tal vez desheredado
de aquellos reinos que no fueron míos.

Las redes que temblaban en la luz
siguen saliendo claras del océano.

Toda la luz del tiempo permanece
y en su torre total el medio día.

Ahora todo me parece sombra.

Territorios

En donde estuve recuerdo la tierra
como si me mandara todavía.
Pasan los rostros —Patsy, Ellen, Artiyha—
los busco entre la red y huyen nadando
devueltos a su océano,
peces del frío, efímeras mujeres.
Pero, costa o nevado, piedra o río,
persiste en mí la esencia montañosa,
la dentadura de la geografía,
sigue indeleble un paso en la espesura.
Es el silencio de los cazadores.

Nada perdí, ni un día vertical,
ni una ráfaga roja de rocío,
ni aquellos ojos de los leopardos
ardiendo como alcohol enfurecido,
ni los salvajes élitros del bosque
canto total nocturno del follaje,
ni la noche, mi patria constelada,
ni la respiración de las raíces.

La tierra surge como si viviera
en mí, cierro los ojos, luego existo,
cierro los ojos y se abre una nube,
se abre una puerta al paso del perfume,
entra un río cantando con sus piedras,
me impregna la humedad del territorio,
el vapor del otoño acumulado
en las estatuas de su iglesia de oro,
y aun después de muerto ya veréis
cómo recojo aún la primavera,
cómo asumo el rumor de las espigas
y entra el mar por mis ojos enterrados.

Aquellas vidas

Este soy, yo diré, para dejar
este pretexto escrito: ésta es mi vida.
Y ya se sabe que no se podía:
que en esta red no sólo el hilo cuenta,
sino el aire que escapa de las redes,
y todo lo demás era inasible:
el tiempo que corrió como una liebre
a través del rocío de febrero
y más nos vale no hablar del amor
que se movía como una cadera
sin dejar donde estuvo tanto fuego
sino una cucharada de ceniza
y así con tantas cosas que volaban:
el hombre que esperó creyendo claro,
la mujer que vivió y que no vivirá,
todos pensaron que teniendo dientes,
teniendo pies y manos y alfabeto
era sólo cuestión de honor la vida.
Y éste sumó sus ojos a la historia,
agarró las victorias del pasado,
asumió para siempre la existencia
y sólo le sirvió para morir
la vida: el tiempo para no tenerlo.
Y la tierra al final para enterrarlo.

Pero aquello nació con tantos ojos
como planetas tiene el firmamento
y todo el fuego con que devoraba
la devoró sin tregua hasta dejarla.
Y si algo vi en mi vida fue una tarde
en la India, en las márgenes de un río:
arder una mujer de carne y hueso
y no sé si era el alma o era el humo

lo que del sarcófago salía
hasta que no quedó mujer ni fuego
ni ataúd ni ceniza: ya era tarde
y sólo noche y agua y sombra y río
allí permanecieron en la muerte.

Pleno octubre

Poco a poco y también mucho a mucho
me sucedió la vida
y qué insignificante es este asunto:
estas venas llevaron
sangre mía que pocas veces vi,
respiré el aire de tantas regiones
sin guardarme una muestra de ninguno
y a fin de cuentas ya lo saben todos:
nadie se lleva nada de su haber
y la vida fue un préstamo de huesos.
Lo bello fue aprender a no saciarse
de la tristeza ni de la alegría,
esperar el tal vez de una última gota,
pedir más a la miel y a las tinieblas.

Tal vez fui castigado:
tal vez fui condenado a ser feliz.
Quede constancia aquí de que ninguno
pasó cerca de mí sin compartirme.
Y que metí la cuchara hasta el codo
en una adversidad que no era mía,
en el padecimiento de los otros.
No se trató de palma o de partido
sino de poca cosa: no poder
vivir ni respirar con esa sombra,
con esa sombra de otros como torres,
como árboles amargos que lo entierran,
como golpes de piedra en las rodillas.

Tu propia herida se cura con llanto,
tu propia herida se cura con canto,
pero en tu misma puerta se desangra
la viuda, el indio, el pobre, el pescador,
y el hijo del minero no conoce
a su padre entre tantas quemaduras.

Muy bien, pero mi oficio
fue
la plenitud del alma:
un ay del goce que te corta el aire,
un suspiro de planta derribada
o lo cuantitativo de la acción.

Me gustaba crecer con la mañana,
esponjarme en el sol, a plena dicha
de sol, de sal, de luz marina y ola,
y en ese desarrollo de la espuma
fundó mi corazón su movimiento:
crecer con el profundo paroxismo
y morir derramándose en la arena.

Deslumbra el día

Nada para los ojos del invierno,
ni una lágrima más,
hora por hora se arma verde
la estación esencial, hoja por hoja,
hasta que con su nombre nos llamaron
para participar de la alegría.

Qué bueno es el eterno *para todos*,
el aire limpio, la promesa flor:
la luna llena deja
su carta en el follaje:

hombre y mujer vuelven del mar
con un cesto mojado
de plata en movimiento.

Como amor o medalla
yo recibo,
recibo
del sur, del norte, del violín,
del perro,
del limón, de la greda,
del aire recién puesto en libertad,
recibo máquinas de aroma oscuro,
mercaderías color de tormenta,
todo lo necesario:
azahares, cordeles,
uvas como topacios,
olor de ola:
yo acumulo
sin tregua,
sin trabajo,
respiro,
seco al viento mi traje,
mi corazón desnudo,
y cae,
cae el cielo:
en una copa
bebo
la alegría.

Las cartas perdidas

De cuanto escriben sobre mí yo leo
como sin ver, pasando,
como si no me fueran destinadas
las palabras, las justas y las crueles.

Y no es porque no acepte
la verdad buena o la mala verdad,
la manzana que quieren regalarme
o el venenoso estiércol que recibo.
Se trata de otra cosa.
De mi piel, de mi pelo,
de mis dientes,
de lo que me pasó en la desventura:
se trata de mi cuerpo y de mi sombra.

Por qué, me pregunté, me preguntaron,
otro ser sin amor y sin silencio
abre la grieta y con un clavo
a golpes
penetra en el sudor o la madera,
en la piedra o la sombra
que fueron mi substancia?

Por qué tocarme a mí que vivo lejos,
que no soy, que no salgo,
que no vuelvo,
por qué los pájaros del alfabeto
amenazan mis uñas y mis ojos?
Debo satisfacer o debo ser?
A quiénes pertenezco?
Cómo se hipotecó mi poderío
hasta llegar a no pertenecerme?
Por qué vendí mi sangre?
Y quiénes son los dueños
de mis incertidumbres, de mis manos,
de mi dolor, de mi soberanía?

A veces tengo miedo
de caminar junto al río remoto,
de mirar los volcanes
que siempre conocí y me conocieron:
tal vez arriba, abajo,
el agua, el fuego, ahora me examinan:

piensan que ya no digo la verdad,
que soy un extranjero.

Por eso, entristeciendo,
leo lo que tal vez no era tristeza,
sino adhesión o ira
o comunicación de lo invisible.
Para mí, sin embargo,
tantas palabras iban
a separarme de la soledad.
Y las pasé de largo,
sin ofenderme y sin desconocerme,
como si fueran cartas
escritas a otros hombres
parecidos a mí, pero distantes
de mí, cartas perdidas.

No hay pura luz

No hay pura luz
ni sombra en los recuerdos:
éstos se hicieron cárdena ceniza
o pavimento sucio
de calle atravesada por los pies de las gentes
que sin cesar salía y entraba en el mercado.

Y hay otros: los recuerdos buscando aún qué morder
como dientes de fiera no saciada.
Buscan, roen el hueso último, devoran
este largo silencio de lo que quedó atrás.

Y todo quedó atrás, noche y aurora,
el día suspendido como un puente entre sombras,
las ciudades, los puertos del amor y el rencor,
como si al almacén la guerra hubiera entrado

llevándose una a una todas las mercancías
hasta que a los vacíos anaqueles
llegue el viento a través de las puertas deshechas
y haga bailar los ojos del olvido.

Por eso a fuego lento surge la luz del día,
el amor, el aroma de una niebla lejana
y calle a calle vuelve la ciudad sin banderas
a palpitar tal vez y a vivir en el humo.

Horas de ayer cruzadas por el hilo
de una vida como por una aguja sangrienta
entre las decisiones sin cesar derribadas,
el infinito golpe del mar y de la duda
y la palpitación del cielo y sus jazmines.

Quién soy Aquél? Aquel que no sabía
sonreír, y de puro enlutado moría?
Aquel que el cascabel y el clavel de la fiesta
sostuvo derrocando la cátedra del frío?

Es tarde, tarde. Y sigo. Sigo con un ejemplo
tras otro, sin saber cuál es la moraleja,
porque de tantas vidas que tuve estoy ausente
y soy, a la vez soy aquel hombre que fui.

Tal vez es éste el fin, la verdad misteriosa.

La vida, la continua sucesión de un vacío
que de día y de sombra llenaban esta copa
y el fulgor fue enterrado como un antiguo príncipe
en su propia mortaja de mineral enfermo,
hasta que tan tardíos ya somos, que no somos:
ser y no ser resultan ser la vida.

De lo que fui no tengo sino estas marcas crueles,
porque aquellos dolores confirman mi existencia.

III

EL FUEGO CRUEL

El fuego cruel

Aquella guerra! El tiempo
un año y otro y otro
deja caer como si fueran tierra
para enterrar
aquello
que no quiere morir: claveles,
agua,
cielo,
la España, a cuya puerta
toqué, para que abrieran,
entonces, allá lejos,
y una rama cristalina
me acogió en el estío
dándome sombra y claridad,
frescura
de antigua luz que corre
desgranada
en el canto:
de antiguo canto fresco
que solicita
nueva
boca para cantarlo.
Y allí llegué para cumplir mi canto.

Ya he cantado y contado
lo que con manos llenas me dio España,
y lo que me robó con agonía,

lo que de un rato a otro
me quitó de la vida
sin dejar en el hueco
más que llanto,
llanto del viento en una cueva amarga,
llanto de sangre sobre la memoria.

Aquella guerra! No faltó la luz
ni la verdad,
no hizo falta la dicha sino el pan,
estuvo allí el amor, pero no los carbones:
había hombre, frente, ojos, valor
para la más acribillada gesta
y caían las manos como espigas cortadas
sin que se conociera la derrota,
esto es, había poder de hombre y de alma,
pero no había fusiles
y ahora les pregunto
después de tanto olvido:
qué hacer? qué hacer? qué hacer?

Respóndanme, callados,
ebrios de aquel silencio, soñadores
de aquella falsa paz y falso sueño,
qué hacer con sólo cólera en las cejas?
con sólo puños, poesía, pájaros,
razón, dolor, qué hacer con las palomas?
qué hacer con la pureza y con la ira
si delante de ti se te desgrana
el racimo del mundo
y ya la muerte
ocupa
la mesa
el lecho
la plaza
el teatro
la casa vecina
y blindada se acerca desde Albacete y Soria,

por costa y páramo, por ciudad y río,
calle por calle,
y llega,
y no hay sino la piel para pelearle,
no hay sino las banderas y los puños
y el triste honor ensangrentado
con los pies rotos,
entre polvo y piedra,
por el duro camino catalán
bajo las balas últimas
caminando
ay! hermanos valientes, al destierro!

LOS   Y luego aquellas muertes que me hicieron
MUERTOS tanto daño y dolor
como si me golpearan hueso a hueso:
las muertes personales
en que también tú mueres.
Porque allí a Federico y a Miguel
los amarraron a la cruz de España,
les clavaron los ojos y la lengua,
los desangraron y quemaron vivos,
los blasfemaron y los insultaron,
los hicieron rodar por los barrancos
aniquilados
porque sí, porque no, porque así fue.
Así fueron heridos,
crucificados
hasta en el recuerdo
con la muerte española,
con las moscas rondando
las sotanas,
carcajada y escupo entre las lanzas,
mínimos esqueletos
de ruiseñor
para el aciago osario,
gotas de miel sangrienta
perdida
entre los muertos.

YO Doy fe!

RECUERDO Yo estuve
allí,
yo estuve
y padecí y mantengo
el testimonio
aunque no haya nadie
que recuerde
yo
soy el que recuerda,
aunque no queden ojos en la tierra
yo seguiré mirando
y aquí quedará escrita
aquella sangre,
aquel amor aquí seguirá ardiendo,
no hay olvido, señores y señoras,
y por mi boca herida
aquellas bocas seguirán cantando!

MUCHO Luego llegaron, lentos como bueyes,
TIEMPO y como veintiséis sacos de hierro,
TRANSCURRE siglos de doce meses
que cerraban España
al aire, a la palabra,
a la sabiduría,
restituyendo piedra y argamasa,
barrotes y cerrojos
a aquellas puertas que para mí se abrieron
durante el mediodía inolvidable.
Se acostumbró el dolor a la paciencia,
zozobró la esperanza en el destierro,
se desgranó la espiga
de españoles
en Caracas espléndida, en Santiago,
en Veracruz, en las arenas
de Uruguay generoso.

Yo los puse en mi barco.
Era de día y Francia
su vestido de lujo
de cada día tuvo aquella vez,
fue
la misma claridad de vino y aire
su ropaje de diosa forestal.
Mi navío esperaba
con su remoto nombre
Winnipeg
pegado al malecón del jardín encendido,
a las antiguas uvas acérrimas de Europa.
Pero mis españoles no venían
de Versalles,
del baile plateado,
de las viejas alfombras de amaranto,
de las copas que trinan
con el vino,
no, de allí no venían,
no, de allí no venían.
De más lejos,
de campos y prisiones,
de las arenas negras
del Sahara,
de ásperos escondrijos
donde yacieron
hambrientos y desnudos,
allí a mi barco
claro,
al navío en el mar, a la esperanza
acudieron llamados uno a uno
por mí, desde sus cárceles,
desde las fortalezas
de Francia tambaleante
por mi boca llamados
acudieron,
Saavedra, dije, y vino el albañil,
Zúñiga, dije, y allí estaba,

Roces, llamé, y llegó con severa sonrisa,
grité, Alberti! y con manos de cuarzo
acudió la poesía.
Labriegos, carpinteros,
pescadores,
torneros, maquinistas,
alfareros,
curtidores:
se iba poblando el barco
que partía a mi patria.
Yo sentía en los dedos
las semillas
de España
que rescaté yo mismo y esparcí
sobre el mar, dirigidas
a la paz
de las praderas.

YO REÚNO Qué orgullo el mío cuando
palpitaba
el navío
y tragaba
más y más hombres, cuando
llegaban las mujeres
separadas
del hermano, del hijo, del amor,
hasta el minuto mismo
en que
yo
los reunía,
y el sol caía sobre el mar
y sobre
aquellos
seres desamparados
que entre lágrimas locas,
entrecortados nombres,
besos con gusto a sal,
sollozos que se ahogaban,

ojos que desde el fuego sólo aquí se encontraron:
de nuevo aquí nacieron
resurrectos,
vivientes,
y era mi poesía la bandera
sobre
tantas congojas
la que desde el navío los llamaba
latiendo y acogiendo
los legados
de la descubridora
desdichada,
de la madre remota
que me otorgó la sangre y la palabra.

Ay! mi ciudad perdida

Me gustaba Madrid y ya no puedo
verlo, no más, ya nunca más, amarga
es la desesperada certidumbre
como de haberse muerto uno también al tiempo
que morían los míos, como si se me hubiera
ido a la tumba la mitad del alma,
y allí yaciere entre llanuras secas,
prisiones y presidios,
aquel tiempo anterior cuando aún no tenía
sangre la flor, coágulos la luna.
Me gustaba Madrid por arrabales,
por calles que caían a Castilla
como pequeños ríos de ojos negros:
era el final de un día:
calles de cordeleros y toneles,
trenzas de esparto como cabelleras,
duelas arqueadas desde
donde

algún día
iba a volar el vino a un ronco reino,
calles de los carbones,
de las madererías,
calles de las tabernas anegadas
por el caudal
del duro Valdepeñas
y calles solas, secas, de silencio
compacto como adobe,
e ir y saltar los pies sin alfabeto,
sin guía, ni buscar, ni hallar, viviendo
aquello que vivía
callando con aquellos
terrones, ardiendo
con las piedras
y al fin callado el grito de una ventana, el canto
de un pozo, el sello
de una gran carcajada
que rompía
con vidrios
el crepúsculo, y aún
más acá,
en la garganta
de la ciudad tardía,
caballos polvorientos,
carros de ruedas rojas,
y el aroma
de las panaderías al cerrarse
la corola nocturna
mientras enderezaba mi vaga dirección
hacia Cuatro Caminos, al número
3
de la calle Wellingtonia
en donde me esperaba
bajo dos ojos con chispas azules
la sonrisa que nunca he vuelto a ver
en el rostro
–plenilunio rosado–

de Vicente Aleixandre
que dejé allí a vivir con sus ausentes.

Tal vez cambié desde entonces

A mi patria llegué con otros ojos
que la guerra me puso
debajo de los míos.
Otros ojos quemados
en la hoguera,
salpicados
por llanto mío y sangre de los otros,
y comencé a mirar y a ver más bajo,
más al fondo inclemente
de las asociaciones. La verdad
que antes no despegaba de su cielo
como una estrella fue,
se convirtió en campana,
oí que me llamaba
y que se congregaban otros hombres
al llamado. De pronto
las banderas de América,
amarillas, azules, plateadas,
con sol, estrella y amaranto y oro
dejaron a mi vista
territorios desnudos,
pobres gentes de campos y caminos,
labriegos asustados, indios muertos,
a caballo, mirando ya sin ojos,
y luego el boquerón infernal de las minas
con el carbón, el cobre y el hombre devastados,
pero eso no era todo
en las repúblicas,
sino algo sin piedad, sin amasijo:
arriba un galopante, un frío soberbio

con todas sus medallas,
manchado en los martirios
o bien los caballeros en el Club
con vaivén discursivo entre las alas
de la vida dichosa
mientras el pobre ángel oscuro,
el pobre remendado,
de piedra en piedra andaba y anda aún
descalzo y con tan poco qué comer
que nadie sabe cómo sobrevive.

Los míos

Yo dije: A ver la sangre!
Vengan a ver la sangre de la guerra!
Pero aquí era otra cosa.
No sonaban los tiros,
no escuché por la noche
un río de soldados
pasar
desembocando
hacia la muerte.
Era otra cosa aquí, en las cordilleras,
algo gris que mataba,
humo, polvo de minas o cemento,
un ejército oscuro
caminando
en un día sin banderas
y vi dónde vivía
el hacinado
envuelto por madera rota,
tierra podrida, latas oxidadas,
y dije «yo no aguanto»
dije «hasta aquí llegué en la soledad».
Hay que ver estos años desde entonces.

Tal vez cambió la piel de los países,
y se vio que el amor era posible.
Se vio que había que dar sin más remedio,
se hizo la luz y de un extremo a otro
de la aspereza
ardió la llama viva
que yo llevé en las manos.

En las minas de arriba

En las minas de arriba fui elegido,
llegué al Senado, me senté, juré,
con los distinguidos señores.
«Juro» y era vacío el juramento
de muchos, no juraban
con la sangre, sino con la corbata,
juraban con la voz, con lengua, labios
y dientes, pero allí se detenía
el juramento.

Yo traía la arena,
la pampa gris, la luna
ancha y hostil de aquellas soledades,
la noche del minero,
la sed del día duro
y la cuchara
de latón pobre de la pobre sopa:
yo traje allí el silencio,
la sangre de allá arriba,
del cavatierras casi exterminado
que aún me sonreía
con dentadura alegre,
y juré con el hombre y con su arena,
con hambre y minerales combatidos,
con la destreza y la pobreza humana.

Cuando yo dije «Juro»
no juré deserción ni compromiso,
ni por lograr honores o atavío
vine a poner la mano ardiendo
sobre el código seco
para que ardiera y se quemara con
el soplo desolado de la arena.
A veces me dormía
oyendo la cascada
invulnerable
del interés y los interesados,
porque al final algunos no eran hombres,
eran el 0, el 7, el 25,
representaban
cifras
de soborno,
el azúcar les daba la palabra
o la cotización de los frejoles,
uno era el senador por el cemento,
otro aumentaba el precio del carbón,
otro cobraba el cobre, el cuero,
la luz eléctrica, el salitre, el tren,
los automóviles, los armamentos,
las maderas del Sur pagaban votos,
y vi a un momificado caballero,
propietario de las embarcaciones:
nunca sabía cuándo
debía decir sí o exclamar no:
era como un antiguo buzo frío
que se hubiere quedado por error
debajo de la sal de la marea
y aquel hombre sin hombre
y con salmuera
determinaba por extraña suerte
la ley del yugo que se promulgaba
contra los pobres pueblos,
estipulando en cada codicilo
el hambre y el dolor

de cada día,
dando razón sólo a la muerte
y cebando el bolsillo
del negrero.
Correctos
eran
a la luz antagónica
los mercaderes lívidos
de la pobre República,
planchados,
respetables,
reunidos
en su pulcro corral de madera lustrosa,
regalando uno a otro la sonrisa,
guardando en el bolsillo
la semilla
de la creciente planta
del dinero.

Era mejor la superior planicie
o el socavón de piedra y explosiones
de los que allí me enviaron:
hirsutos camaradas,
mujercitas sin tiempo de peinarse,
hombres abandonados
de la gran minería.

Pronto estuvieron todos
de acuerdo como clavos
de un caserón
podrido:
se caían las tablas,
pero eran solidarios
de la estructura muerta.
Se dispusieron todos
a dar cárcel, tormento,
campos de prisioneros,
éxodo y muerte a aquellos

que alimentaban alguna esperanza
y vi que eran heridos
los lejanos,
asesinados
mis
ausentes compañeros
del desierto, no sólo
dispusieron para ellos
la costa cruel, Pisagua,
la soledad, el duelo, el desamparo,
como único reino, no sólo
en sudor y peligro,
hambre, frío, miseria desolada,
consistió para el compatriota pobre
el pan de cada uno de sus días:
ahora
aquí en este recinto
pude ver, escuchar,
semicerrados y sedosos peces,
sonrosados enormes calamares,
armados de camisa y de reloj,
firmando la condena
del pobre diablo oscuro,
del pobre camarada de la mina.
Todos de acuerdo
estaban
en romper la cabeza
del hambriento,
en azuzar las lanzas,
los garrotes,
en condenar la patria
a cien años de arena.
Escogieron
las costas
infernales
o el inhabitable espinazo
de los Andes,
cualquier

sitio
con muerte a plazo fijo
era escogido
con la lupa en el mapa:
un trozo
de papel amarillo,
un punto de oro, así
lo disfrazó la geografía,
pero el presidio de Pisagua, abrupta
prisión de piedra y agua,
dejó una cicatriz de mordedura
en la patria, en su pecho de paloma.

Revoluciones

Cayeron dignatarios
envueltos en sus togas
de lodo agusanado,
pueblos sin nombre levantaron lanzas,
derribaron los muros,
clavaron al tirano contra sus puertas de oro
o simplemente en mangas de camisa
acudieron
a una pequeña reunión
de fábrica, de mina o de oficio.
Fueron éstos
los
años
intermedios:
caía Trujillo con sus muelas de oro,
y en Nicaragua
un Somoza acribillado
a tiros
se desangró en su acequia pantanosa
para que sobre aquella rata muerta

subiese aún como un escalofrío
otro Somoza o rata
que no durará tanto.

Honor y deshonor, vientos contrarios
de los días terribles!
De un sitio aún escondido llevaron al poeta
algún laurel oscuro
y lo reconocieron:
las aldeas pasó
con su tambor de cuero claro,
con su clarín de piedra.
Campesinos de entrecerrados ojos
que aprendieron a oscuros en la sombra
y aprendieron el hambre como un texto sagrado
miraron al poeta que cruzaba
volcanes, aguas, pueblos y llanuras,
y supieron quién era:
lo resguardaron
bajo
sus follajes.
El poeta
allí estaba con su lira
y su bastón cortado en la montaña
de un árbol oloroso
y mientras más sufría
más sabía,
más cantaba aquel hombre:
había encontrado
a la familia humana,
a sus madres perdidas,
a sus padres,
al infinito número
de abuelos, a sus hijos,
y así se acostumbró
a tener mil hermanos.
Un hombre así no se sentía solo.
Y además con su lira

y su bastón del bosque
a la orilla
del río innumerable
se mojaba los pies,
entre las piedras.
Nada pasaba o nada parecía
pasar:
tal vez el agua que iba
resbalando en sí misma,
cantando
desde la transparencia:
la selva lo rodeaba
con su color de hierro:
allí era el punto puro,
el grado más azul, el centro inmóvil
del planeta
y él allí con su lira,
entre las peñas
y el agua
rumorosa,
y nada transcurría
sino el ancho silencio,
el pulso, el poderío
de la naturaleza
y sin embargo
a un grave amor estaba destinado,
a un honor iracundo.
Emergió de los bosques
y las aguas:
iba con él con claridad de espada
el fuego de su canto.

Soliloquio en las olas

Sí, pero aquí estoy solo.
Se levanta
una ola,
tal vez dice su nombre, no comprendo,
murmura, arrastra el peso
de espuma y movimiento
y se retira. A quién
preguntaré lo que me dijo?
A quién entre las olas
podré nombrar?
Y espero.

Otra vez se acercó la claridad,
se levantó en la espuma
el dulce número
y no supe nombrarlo.
Así cayó el susurro:
se deslizó a la boca de la arena:
el tiempo destruyó todos los labios
con la paciencia
de la sombra y el
beso anaranjado
del verano.
Yo me quedé solo
sin poder acudir a lo que el mundo,
sin duda, me ofrecía,
oyendo
cómo se desgranaba la riqueza,
las misteriosas uvas
de la sal, el amor desconocido
y quedaba en el día degradado
sólo un rumor
cada vez más distante

hasta que todo lo que pudo ser
se convirtió en silencio.

Cordilleras de Chile

Debo decir que el aire
establece una red. Y nubes, nieve,
en lo más alto andino,
se detuvieron como peces puros,
inmóviles, invictos.
Estoy rodeado
por la fortaleza
del páramo más áspero:
en sus mil torres silba
el viento venidero,
y desde cordilleras desdentadas
cae el agua metálica
en un hilo veloz
como si huyera
del cielo abandonado.
Toda palabra muere y todo muere
y es de silencio y frío la materia
del muerto y del sarcófago:
a plena luz, brillando, corre el río,
lejos de la dureza
y de morir se aleja despeñando
la nieve que el dolor endurecía
y que bajó muriendo
desde la cruel altura
en que dormía:
ayer, amortajada,
hoy, amante del viento.

El desconocido

Quiero medir lo mucho que no sé
y es así como llego
sin rumbo, toco y abren, entro y miro
los retratos de ayer en las paredes,
el comedor de la mujer y el hombre,
los sillones, las camas, los saleros,
sólo entonces comprendo
que allí no me conocen.
Salgo y no sé qué calles voy pisando,
ni cuántos hombres devoró esta calle,
cuántas pobres mujeres incitantes,
trabajadores de diversa raza
de emolumentos insatisfactorios.

La primavera urbana

Se gastó el pavimento hasta no ser
sino una red de sucios agujeros
en que la lluvia acumuló sus lágrimas,
luego llegaba el sol como invasor
sobre el gastado piso
de la ciudad sin fin acribillada
de la que huyeron todos los caballos.
Por fin cayeron algunos limones
y algún vestigio rojo de naranjas
la emparentó con árboles y plumas,
le dio un susurro falso de arboleda
que no duraba mucho,
pero probaba que en alguna parte
se desnudaba entre los azahares
la primavera impúdica y plateada.

Era yo de aquel sitio? De la fría
contextura de muro contra muro?
Pertenecía mi alma a la cerveza?
Eso me preguntaron al salir
y al entrar en mí mismo, al acostarme,
eso me preguntaban las paredes,
la pintura, las moscas, los tapices
pisados tantas veces
por otros habitantes parecidos
a mí hasta confundirse:
tenían mi nariz y mis zapatos,
la misma ropa muerta de tristeza,
las mismas uñas pálidas, prolijas,
y un corazón abierto como un mueble
en que se acumularon los racimos,
los amores, los viajes y la arena,
es decir, todo lo que sucediendo
se va y se queda inexorablemente.

Me siento triste

Tal vez yo protesté, yo protestaron,
dije, tal vez, dijeron: tengo miedo,
me voy, nos vamos, yo no soy de aquí,
no nací condenado al ostracismo,
pido disculpas a la concurrencia,
vuelvo a buscar las plumas de mi traje,
déjenme regresar a mi alegría,
a la salvaje sombra, a los caballos,
al negro olor de invierno de los bosques,
grité, gritamos, y a pesar de todo
no se abrieron las puertas
y me quedé, quedamos
indecisos,
sin vivir ni morir aniquilados

por la perversidad y el poderío,
indignos ya, expulsados
de la pureza y de la agricultura.

Recuerdo el Este

La pagoda de oro sufrí
con los otros hombres de arcilla.
Allí estaba y no se veía
de tan dorada y vertical:
con tanta luz era invisible.

Por qué reinaba en la ciudad?

Flecha, campana, embudo de oro,
el pequeñito ser la puso
en medio de sus decisiones,
en el centro de impuras calles
donde lloraba y escupía.

Calles que absorben y fermentan,
calles como velas de seda
de un desordenado navío
y luego las heces nadando
bajo la lluvia calurosa,
las colas verdes del pescado,
la pestilencia de las frutas,
todo el sudor de la tierra,
las lámparas en el detritus.
Por eso yo me pregunté
qué necesita el hombre: el pan
o la victoria misteriosa?

Bajo dos cabellos de Dios,
sobre un diente inmenso de Buda

mi hermano pequeño y huraño
de ojos oblicuos y puñal,
el birmano de piel terrestre
y corazón anaranjado,
él como los míos lejanos
(como el soldado de Tlaxcala
o el aymará de las mesetas),
establece un racimo de oro,
una Roma, una simetría,
un Partenón de piedra y miel,
y allí se prosterna el mendigo
esperando la voz de Dios
que está siempre en otra oficina.

Así fui yo por esas calles
del Asia, un joven sin sonrisa,
sin hallar comunicación
entre la pobre muchedumbre
y el oro de sus monumentos.
En el desorden de los pies,
de la sangre, de los bazares,
caía sobre mi cabeza
todo el crepúsculo maligno,
crepitantes sueños, fatiga,
melancolía colonial.
La pagoda como una espada
brillaba en la herida del cielo.

No caía sangre de arriba.

Sólo caía de la noche
oscuridad y soledad.

Amores: Josie Bliss (I)

Qué fue de la furiosa?
Fue la guerra
quemando
la ciudad dorada
la que la sumergió sin que jamás
ni la amenaza escrita,
ni la blasfemia eléctrica salieran
otra vez a buscarme, a perseguirme
como hace tantos días, allá lejos.
Como hace tantas horas
que una por una hicieron
el tiempo y el olvido
hasta por fin tal vez llamarse muerte,
muerte, mala palabra, tierra negra
en la que Josie Bliss
descansará iracunda.

Contaría agregando
a mis años ausentes
arruga tras arruga, que en su rostro
tal vez cayeron por dolores míos:
porque a través del mundo me esperaba.
Yo no llegué jamás, pero en las copas
vacías,
en el comedor muerto
tal vez se consumía mi silencio,
mis más lejanos pasos,
y ella tal vez hasta morir me vio
como detrás del agua,
como si yo nadara hecho de vidrio,
de torpes movimientos,
y no pudiera asirme
y me perdiera

cada día, en la pálida laguna
donde quedó prendida su mirada.
Hasta que ya cerró los ojos
cuándo?
hasta que tiempo y muerte la cubrieron
cuándo?
hasta que odio y amor se la llevaron
dónde?
hasta que ya la que me amó con furia,
con sangre, con venganza,
con jazmines,
no pudo continuar hablando sola,
mirando la laguna de mi ausencia.

Ahora tal vez
reposa y no reposa
en el gran cementerio de Rangoon.
O tal vez a la orilla
del Irrawadhy quemaron su cuerpo
toda una tarde, mientras
el río murmuraba
lo que llorando yo le hubiera dicho.

Amores: Josie Bliss (II)

Sí, para aquellos días
vana es la rosa: nada
creció
sino una lengua roja:
el fuego que bajaba
del verano insepulto,
el sol de siempre.

Yo me fugué de la deshabitada.

Huí como inasible marinero,
ascendí por el Golfo de Bengala
hasta las casas sucias de la orilla
y me perdí
de corazón y sombra.

Pero no bastó el mar inapelable:

Josie Bliss me alcanzó revolviendo
mi amor y su martirio.

Lanzas de ayer, espadas del pasado!

– Soy culpable, le dije
a la luciérnaga.

Y me envolvió la noche.

Quise decir que yo también
sufrí:
no es bastante:
el que hiere es herido hasta morir.

Y ésta es la historia, se escribió en la arena,
en el advenimiento de la sombra.

No es verdad! No es verdad!

También era la hora
de los dioses
– de mazapán, de luna,
de hierro, de rocío –,
dioses sangrientos cuya derramada
demencia
llenaba como el humo
las cúpulas del reino,
sí,
existía el aire

espeso, el fulgor
de los desnudos,
ay,
el olor de nardo que cerraba
mi razón con el peso del aroma
como si me encerraran en un pozo
de donde no salí para gritar,
sino para ahogarme.

Ay de mí, aquellos muros
que royeron
la humedad y el calor hasta dejarlos
como la piel partida del lagarto,
sí,
sí,
todo esto y más: la muchedumbre
abierta
por la violencia de un turbante, por
aquellos paroxismos de turquesa
de las mujeres que se desgranaban
ardiendo entre sotanas de azafrán.

Otras veces la lluvia
cayó sobre la tímida comarca:
cayó tan lenta como las medusas
sobre niños, mercados y pagodas:
era otra lluvia,
el cielo fijo
clavado como un grave vidrio opaco
a una ventana muerta
y esperábamos,
los pobres y los ricos,
los dioses,
los sacerdotes y los usureros,
los cazadores de iguanas,
los tigres que bajaban
de Assam,
hambrientos y pletóricos

de sangre:
todos
esperábamos:
sudaba el cielo del Este,
se cerraba la tierra:
no pasaba nada,
tal vez adentro
de aquellos dioses
germinaba y nacía
una vez más
el tiempo:
se ordenaba el destino:
parían los planetas.
Pero el silencio sólo recogía
plumas mojadas,
lento sudor celeste,
y de tanto esperar lloraba el mundo
hasta que un trueno
despertaba la lluvia,
la verdadera lluvia,
y entonces se desnudaba el agua
y era
sobre la tierra
el baile del cristal, los pies del cielo,
las ceremonias del viento.

Llovía como llueve Dios,
como cae el océano,
como el tambor de la batalla,
llovía el monzón verde
con ojos y con manos,
con abismos,
con nuevas cataratas
que se abrían
sobre los cocoteros y las cúpulas,
en tu cara, en tu piel, en tus recuerdos,
llovía como si saliera la lluvia
por vez primera de su jaula

y golpeaba las puertas
del mundo: Ábranme! Ábranme!
y se abría
no sólo el mundo, sino
el espacio,
el misterio,
la verdad,
todo se resolvía
en harina celeste
y la fecundación se derramaba
contra la soledad de la espesura.

Así era el mundo y ella siguió sola.

Ayer! Ayer!

Tus ojos aguerridos,
tus pies desnudos
dibujando un rayo,
tu rencor de puñal, tu beso duro,
como los frutos del desfiladero,
ayer, ayer
viviendo
en el ruido del fuego,
furiosa mía,
paloma de la hoguera,
hoy aún sin mi ausencia, sin sepulcro,
tal vez, abandonada de la muerte,
abandonada de mi amor, allí
donde el viento monzón y sus tambores
redoblan sordamente y ya no pueden
buscarme tus caderas extinguidas.

El mar

Necesito del mar porque me enseña:
no sé si aprendo música o conciencia:
no sé si es ola sola o ser profundo
o sólo ronca voz o deslumbrante
suposición de peces y navíos.
El hecho es que hasta cuando estoy dormido
de algún modo magnético circulo
en la universidad del oleaje.

No son sólo las conchas trituradas
como si algún planeta tembloroso
participara paulatina muerte,
no, del fragmento reconstruyo el día,
de una racha de sal la estalactita
y de una cucharada el dios inmenso.

Lo que antes me enseñó lo guardo! Es aire,
incesante viento, agua y arena.

Parece poco para el hombre joven
que aquí llegó a vivir con sus incendios,
y sin embargo el pulso que subía
y bajaba a su abismo,
el frío del azul que crepitaba,
el desmoronamiento de la estrella,
el tierno desplegarse de la ola
despilfarrando nieve con la espuma,
el poder quieto, allí, determinado
como un trono de piedra en lo profundo,
substituyó el recinto en que crecían
tristeza terca, amontonado olvido,
y cambió bruscamente mi existencia:
di mi adhesión al puro movimiento.

Insomnio

En medio de la noche me pregunto,
qué pasará con Chile?
Qué será de mi pobre patria oscura?

De tanto amar esta nave delgada,
estas piedras, estos terrones,
la persistente rosa
del litoral que vive con la espuma,
llegué a ser uno solo con mi tierra,
conocí a cada uno de sus hijos
y en mí las estaciones caminaban
sucesivas, llorando o floreciendo.

Siento que ahora, apenas
cruzado el año muerto de las dudas,
cuando el error que nos desangró a todos
se fue y empezamos a sumar de nuevo
lo mejor, lo más justo de la vida,
aparece de nuevo la amenaza
y en el muro el rencor enarbolado.

Adiós a la nieve

Chiaretta estaba allí,
C. con barba blanca y traje blanco
yacía en su recuerdo:
ella había llorado
malas noticias:
su hermano, en Laos, lejos
muerto, y por qué tan lejos?

Qué se le había perdido en la selva?
Pero la Isla,
piedra y perfume arriba,
como torre calcárea
se elevaba
con la certeza azul
del cielo firme
y fuerte:
un edificio inmóvil
siempre recién pintado,
con las mismas gaviotas
intrépidas, hambrientas:
la Isla
pululante
de abejas, viñas, hombres
y mujeres,
solitaria en la roca,
pura de su pequeña soledad:
aquí los locos ricos,
allí los cuerdos pobres:
hay sitio para todos:
hay demasiada luz para negarla:
sírvase un vaso de luz,
toda la miel de un día,
toda la noche con su fuego azul,
quedémonos tranquilos,
no riñamos con Luca
ni con Piero:
un pan de luz para el mundo,
dice la Isla
y allí está con la luz acumulada
inagotable como un gran cerezo
y hace diez años y subo escaleras:
es la misma,
clara de cal, colmada de verbena,
entre tiza y peñasco
las tiernas ramas tiernas,
el olor tembloroso

de las vegetaciones encrespadas:
desde arriba el silencio
del mar como un anillo,
como un anillo azul,
el mar azul,
la Isla:
las guerras ni los ricos la aplastaron:
los pobres no se fueron:
no emigraron ni el humo
ni el aroma:
zumbaban las avispas:
continuó en las botellas
el vino color de agua,
el fuego transparente
y zumbaban los élitros
de la naturaleza.

Yo volvía de lejos
para irme,
para irme de nuevo,
y supe así que así es morirse:
es irse y queda todo:
es morirse y la Isla
floreciendo,
es irse y todo intacto:
los jacintos,
la nave que circunda
como cisne abnegado
el pálido placer
de las arenas:
diez años que pudieron ser cien años,
cien años sin tocar ni oler ni ver,
ausencia, sombra, frío,
y todo allí florido,
rumoroso:
un edificio de agua
siempre,
un beso

siempre,
una naranja
siempre.

Partenón

Subiendo por las piedras arrugadas
en el calor de junio:
el horizonte, olivo y aluminio,
las colinas
como cigarras secas:
dejemos atrás al rey,
a la reina falsa,
dejemos
la ola amenazante:
acorazados:
las boas de Illinois,
saurios de Iowa,
mastines de Louisiana,
dejemos
el gusto gris,
el sabor de hierro sangriento,
la terca torre
amarga.
Al esplendor subamos,
al edificio,
al rectángulo puro
que aún sobrevive
sostenido, sin duda,
por abejas.

Rector del mundo,
canon
de la luz,
azul abuelo

de la geometría,
ahora tus columnas,
estriadas por las uñas
de los dioses perdidos,
no sostienen el techo pasajero
sino todo el azul,
azul indiferente:
así se llama
la eternidad:
azul es su apellido,
azul con vuelos grises,
nubes cortas,
azul deshabitado.

Y estas claras columnas.
La inteligencia estableció la norma,
edificó el sistema,
suspendió la medida en el espacio,
creó la luz, el triángulo.
Y los echó a volar como palomas.

Del desorden eterno,
de los grupos hostiles
de la naturaleza:
oscuridad, raíces, matorrales,
cuevas y montes terribles,
estalactitas crueles,
cortó la proporción como un zafiro.
Y el hombre entonces pudo
contar y percibir y prolongarse:
comenzó a *ser* el hombre!
subió al panal la abeja
y los ojos bajaron al problema:
el pensamiento tuvo continente
donde andar y medir, los pies tuvieron,
guiados por la línea,
la rectitud de que estaban sedientos:
el infinito para conocerlo.

El mar allí extendía su secreto.
El Partenón fue la primera nave,
la nave de la luz de proa pura
y navegó el rectángulo marino
esparciendo la fábula y la miel.
Aceptó su blancura el universo.

Cuando lo abandonaron, otra vez
creció el terror, la sombra:
volvió el hombre a vivir en la crueldad.

Allí quedó vacía,
deshabitada y pura,
la nave delicada,
olvidada y radiante,
distante en su estructura,
fría como si muerta.

Pero no era verdad, estaba viva
la casa, nave, y proa,
la dirección central de la materia.
No eran tiernas las líneas
ni la severidad de su hermosura
porque permanecía.
En la lluvia, en la guerra,
la ira o el olvido,
su terrible deber era durar.
Y el tiempo no respeta
la sonrisa:
su deber era estar, permanecer:
era lección la piedra,
era razón la luz edificada.

Y volvería el hombre,
el hombre sin su pasajero dios,
volvería:
el orden es la eternidad del alma
y el alma volvería

a vivir en el cuerpo que creó.
Estoy seguro
de la piedra inmóvil,
pero conozco el viento.
El orden es sólo una criatura.
Crece y vuelve a vivir el edificio.
Una vez y otra vez se apaga el fuego,
pero vuelve el amor a su morada.

Mareas

Crecí empapado en aguas naturales
como el molusco en fósforo marino:
en mí repercutía la sala rota
y mi propio esqueleto construía.
Cómo explicar, casi sin movimiento
de la respiración azul y amarga,
una a una las olas repitieron
lo que yo presentía y palpitaba
hasta que sal y zumo me formaron:
el desdén y el deseo de una ola,
el ritmo verde que en lo más oculto
levantó un edificio transparente,
aquel secreto se mantuvo y luego
sentí que yo latía como aquello:
que mi canto crecía con el agua.

La luz de Sotchi

En Sotchi tanta luz se desbordó
que fuera de la copa estalla y cae:
el mar no puede contener sus rayos

y una paz de reloj cuelga del cielo
hasta que como un élitro marino
desarrolla la ola su ejercicio
en plena castidad de piedra y agua,
mientras continuo sol, continua sal
se tocan como dos dioses desnudos.

Escrito en Sotchi

Viento del mar en mi cabeza, sobre
mis ojos como manos frías
ay y viene del aire removido,
otro viento, otro mar, del cielo
inmóvil, otro cielo azul,
y otro yo, desde lejos, recibiendo
de mi lejana edad, del mar distante,
una palpitación huracanada:
en una susurrante ola de Chile
un golpe de agua verde y viento azul.

No es el agua ni el viento,
ni la salobre arena combatida,
ni el pleno sol del aire iluminado
lo que yo verdaderamente veo,
sino las algas negras, la amenaza
de aquellas torres grandes del océano,
la ola que corre y sube sin medida,
el magno, arrollador trueno marino,
y por el solitario litoral
hacia Toltén camino, caminaba.

Yo fui el joven monarca
de aquellas soledades,
monarca oscuro cuyo reino fue
arena, bosque, mar y viento duro:

no tuve sueños, iba
con el espacio, a puro
beso de sal, abierto,
a golpes de aire líquido y amargo,
a seguir y seguir el infinito.

Qué más quise? Qué más pudieron darme
cuando era todo aquello que no era,
cuando todos los seres eran aire,
el mundo un vendaval enarenado,
una huella golpeada
por el vaivén del cielo poderoso
y los feroces dientes del océano?
Qué más si los minutos dilataban
su tela, y eran días,
y los días semanas, y los años
transcurren hasta ahora,
de tal modo que lejos y después
aquel amargo mar besa mi boca?

De mar a mar la vida
fue llenando
la soledad y convirtió en granero
mi conciencia vacía,
hasta que todo germinó conmigo
y el espacio entre mares,
mi edad entre las dos olas lejanas
se pobló, como un reino,
de cascabeles y padecimientos,
se llenó de banderas,
tuvo cosechas, ruinas,
heridas y batallas.

Ahora supongo el viento en mis pestañas
como si acumulara los reproches
y quisiera lavar con fuerza y frío
la patria que yo cargo,
como si el duro viento me clavara

sus lanzas transparentes
y no dejara en mí sino su peso
de rombo cristalino
y así obligara mi razón a ser
una palpitación de la pureza.

Pero de un mar a otro está la vida.

El viento limpio corre
hasta perder la sal de sus agujas
y caerá como un héroe desnudo,
muerto en una barranca, entre las hojas.

Se lo lleva la hora,
el viento corre detrás de sus pies,
de nuevo el sol, la luna se establecen,
las águilas regresan de la altura,
y es tan inmóvil la naturaleza
que sólo en mí transcurre
el tiempo transparente entre ola y ola.

Exilio

Entre castillos de piedra cansada,
calles de Praga bella,
sonrisas y abedules siberianos,
Capri, fuego en el mar, aroma
de romero amargo
y el último, el amor,
el esencial amor se unió a mi vida
en la paz generosa,
mientras tanto,
entre una mano y otra mano amiga
se iba cavando un agujero oscuro
en la piedra de mi alma

y allí mi patria ardía
llamándome, esperándome, incitándome
a ser, a preservar, a padecer.

El destierro es redondo:
un círculo, un anillo:
le dan vuelta tus pies, cruzas la tierra,
no es tu tierra,
te despierta la luz, y no es tu luz,
la noche llega: faltan tus estrellas,
hallas hermanos: pero no es tu sangre.
Eres como un fantasma avergonzado
de no amar más a los que tanto te aman,
y aún es tan extraño que te falten
las hostiles espinas de tu patria,
el ronco desamparo de tu pueblo,
los asuntos amargos que te esperan
y que te ladrarán desde la puerta.

Pero con corazón irremediable
recordé cada signo innecesario
como si sólo deliciosa miel
se anidara en el árbol de mi tierra
y esperé en cada pájaro
el más remoto trino,
el que me despertó desde la infancia
bajo la luz mojada.
Me pareció mejor la tierra pobre
de mi país, el cráter, las arenas,
el rostro mineral de los desiertos
que la copa de luz que me brindaron.
Me sentí solo en el jardín, perdido:
fui un rústico enemigo de la estatua,
de lo que muchos siglos decidieron
entre abejas de plata y simetría.

Destierros! La distancia
se hace espesa,

respiramos el aire por la herida:
vivir es un precepto obligatorio.
Así es de injusta el alma sin raíces:
rechaza la belleza que le ofrecen:
busca su desdichado territorio:
y sólo allí el martirio o el sosiego.

IV

EL CAZADOR DE RAÍCES

A la memoria de mi amigo
Alberto, escultor de Toledo,
República Española.

El cazador en el bosque

Al bosque mío entro con raíces,
con mi fecundidad: De dónde
vienes?, me pregunta
una hoja verde y ancha como un mapa.
Yo no respondo. Allí
es húmedo el terreno
y mis botas se clavan, buscan algo,
golpean para que abran,
pero la tierra calla.

Callará hasta que yo comience a ser
substancia muerta y viva, enredadera,
feroz tronco del árbol erizado
o copa temblorosa.

Calla la tierra para que no sepan
sus nombres diferentes, ni su extendido idioma,
calla porque trabaja
recibiendo y naciendo:
cuanto muere recoge
como una anciana hambrienta:
todo se pudre en ella,
hasta la sombra,

el rayo,
los duros esqueletos,
el agua, la ceniza,
todo se une al rocío,
a la negra llovizna
de la selva.

El mismo sol se pudre
y el oro interrumpido
que le arroja
cae en el saco de la selva y pronto
se fundió en la amalgama, se hizo harina,
y su contribución resplandeciente
se oxidó como un arma abandonada.

Vengo a buscar raíces,
las que hallaron
el alimento mineral del bosque,
la substancia
tenaz, el cinc sombrío,
el cobre venenoso.

Esa raíz debe nutrir mi sangre.

Otra encrespada, abajo,
es parte poderosa
del silencio,
se impone como paso de reptil:
avanza devorando,
toca el agua, la bebe,
y sube por el árbol
la orden secreta:
sombrío es el trabajo
para que las estrellas sean verdes.

Lejos, muy lejos

Me gusta cantar en el campo.

Ancha es la tierra, los follajes
palpitan, la vida
cambia sus multiplicaciones:
de abeja a polen, a ramaje,
a colmena, a rumor, a fruta,
y todo es allí tan secreto
que al respirar entre las hojas
parece que crece contigo
la economía del silencio.

Era tan lejos de mi tierra
aquel campo, la misma noche
caminaba con otros pasos,
con sangrientos pasos de fósforo.

De dónde venía el río
Irrawadhy con sus raíces?

De tan lejos, entre los tigres,

Allá en la sombra carcomida
las plumas eran un incendio
en el resplandor de las alas
y volaba el verde insepulto
entre las ráfagas del fuego.

Ay yo vi el redondo relámpago
del leopardo en el camino
y aún estoy viendo los anillos
de humo olvidado en la piel de oro,
el brusco salto y el asalto
de aquella cólera estrellada.

Elefantes que acompañaron
mi camino en las soledades,
trompas grises de la pureza,
pantalones pobres del tiempo,
oh bestias de la neblina
acorraladas en la cárcel
de las taciturnas tinieblas
mientras algo se acerca y huye,
tambor, pavor, fusil o fuego.

Hasta que rueda entre las hojas
el elefante asesinado
en su atónita monarquía.

De aquellos recuerdos recuerdo
la espaciosa selva en la noche,
el gran corazón crepitante.

Era como vivir adentro
del útero de la tierra:
un silbido veloz, un golpe
de algo sombrío que cayó:
el albedrío del follaje
esperando su desarrollo
y los insectos torrenciales,
las larvas que crujen y crecen,
las agonías devoradas,
la nocturna cohabitación
de las vidas y de las muertes.

Ay me guardo lo que viví
y es tal el peso del aroma
que aún prevalece en mis sentidos
el pulso de la soledad,
los latidos de la espesura!

La hermana cordillera

El fraile dijo sólo «hermana agua»,
«hermano fuego»,
también «hermano pájaro».
Allí no hay cordilleras.
Pero debió decirlo porque ella
es agua, fuego y pájaro.
Bien le hubiera quedado
«hermana cordillera».

Gracias, hermana grande
porque existes.
Por esta brizna que como una espada
entró en tu corazón de piedra
y continuó su filo.
Todas tus hierbas muerden,
tienen hambre,
tu viento llora de furia,
tiene hambre,
tus grandes rocas calladas
guardan el fuego muerto
que no pudo saciarse.
Allá, allá arriba,
no es cielo verde,
no,
es el volcán que espera,
todo lo destruyó y lo hizo de nuevo,
cayó con todos sus dientes rojos,
tronó con todas sus gargantas negras,
y luego
saltó el semen ardiente,
las quebradas,
la tierra,
guardaron

el espeso tesoro,
el sulfúrico vino
de fuego, muerte y vida,
y se detuvo todo movimiento:
sólo el humo ascendía
del conflicto.

Luego tocamos cada piedra,
decimos:
—Ésta es anaranjada.
—Ésta es ferruginosa.
—Ésta es el arcoiris.
—Ésta es de puro imán.
—Ésta tiene verrugas.
—Ésta es una paloma.
—Ésta tiene ojos verdes.

Porque así son las piedras
y cayeron de arriba:
tenían sed y aquí descansan
esperando la nieve.
Así nació esta piedra
agujereada,
estos montes hirsutos
así nacieron,
estas salas de cobre
verticales,
estas heridas rojas
de las frentes andinas
y el agua que salió de sus prisiones
y cantando se rompe y continúa.
Más, ahora
blanco y verde
es el pasto
crecido en las alturas,
rígido como lanza vencedora,
las plateadas espinas.
Ni árbol, ni sombra, todo

se presenta a la luz como la sal:
vive de un solo golpe su existencia.
Es la patria desnuda,
la acción del fuego,
de la piedra, del agua,
del viento
que limpió la creación,
y aquí por fin nos sentimos desnudos,
por fin llegamos sin morirnos
al sitio donde nace el aire,
por fin conocimos la tierra
y la tocamos en su origen.

Por todas estas cosas tan ásperas
y por la nieve, de materia suave,
gracias te doy, hermana cordillera.

El río que nace de las cordilleras

No sabe el río que se llama río.
Aquí nació, las piedras lo combaten
y así en el ejercicio
del primer movimiento
aprende música y establece espumas.
No es sino un vago hilo
nacido de la nieve
entre las circunstancias
de roca verde y páramo:
es un pobre relámpago
perdido
que comienza a cortar
con su destello
la piedra del planeta,
pero aquí
tan delgado

y oscuro
es
como si no pudiera
sobrevivir cayendo
buscando en la dureza su destino
y da vueltas la cima,
clava el costado mineral del monte
como aguijón y vuelan sus abejas
hacia la libertad de la pradera.

Las plantas de la piedra
enderezan contra él sus alfileres,
la tierra hostil lo tuerce,
le da forma de flecha o de herradura,
lo disminuye hasta hacerlo invisible,
pero resiste y sigue,
diminuto,
traspasando el umbral ferruginoso
de la noche volcánica,
taladrando, royendo,
surgiendo intacto y duro como espada,
convertido en estrella contra el cuarzo,
lento más tarde, abierto a la frescura,
río por fin, constante y abundante.

El rey maldito

La vieja selva llora tanto
que ya está podrida la tierra.
Es la madre del tigre y de los escarabajos.
Es también la madre del dios que duerme.
El dios que duerme
no duerme porque tiene sueño
sino porque sus pies son de piedra.
Lloraba con todas sus hojas,

con todos sus párpados negros.
Cuando bajó a beber el tigre
tenía sangre en el hocico
y el lomo lleno de lágrimas.
La iguana bajó por el llanto
como una nave resbalosa
y con las gotas que caían
multiplicó sus amatistas.
Un pájaro de vuelo escarlata, violeta, amarillo,
volcó el cargamento que el cielo
dejó en las ramas, suspendido.

Ay lo que ha comido la selva!

Sus propios árboles, los sueños
de las lianas y las raíces,
lo que quedó de la torcaza
después de que fue asesinada,
los vestidos de la serpiente,
las torres locas del follaje,
el pico cruel de las tortugas,
todo se lo come la selva.
Los minutos que con lentitud
se fueron convirtiendo en siglos,
en polvo de ramas inútiles,
los días abrasadores,
las noches negras, sin otra luz
que el fósforo de los leopardos,
todo
se lo comió
la selva.

La luz,
la muerte,
el agua,
el sol,
el trueno,
las cosas que huyen,

los insectos
que arden y mueren, consumidos
en sus pequeñas vidas de oro,
el tórrido estío y su cesta
de innumerables frutos rojos,
el tiempo
con su cabellera,
todo es alimento que cae
en la antigua, en la verde boca
de la selva devoradora.

Allí llegó el rey con su lanza.

Lo que nace conmigo

Canto a la hierba que nace conmigo
en este instante libre, a los fermentos
del queso, del vinagre, a la secreta
floración del primer semen, canto
al canto de la leche que ahora cae
de blancura en blancura a los pezones,
canto a los crecimientos del establo,
al fresco estiércol de las grandes vacas
de cuyo aroma vuelan muchedumbres
de alas azules, hablo
sin transición de lo que ahora sucede
al abejorro con su miel, al liquen
con sus germinaciones silenciosas:
como un tambor eterno
suenan las sucesiones, el transcurso
de ser a ser, y nazco, nazco, nazco
con lo que está naciendo, estoy unido
al crecimiento, al sordo alrededor
de cuanto me rodea, pululando,
propagándose en densas humedades,
en estambres, en tigres, en jaleas.

Yo pertenezco a la fecundidad
y creceré mientras crecen las vidas:
soy joven con la juventud del agua,
soy lento con la lentitud del tiempo,
soy puro con la pureza del aire,
oscuro con el vino de la noche
y sólo estaré inmóvil cuando sea
tan mineral que no vea ni escuche,
ni participe en lo que nace y crece.

Cuando escogí la selva
para aprender a ser,
hoja por hoja,
extendí mis lecciones
y aprendí a ser raíz, barro profundo,
tierra callada, noche cristalina,
y poco a poco más, toda la selva.

El pescador

Con larga lanza el pescador desnudo
ataca al pez pegado al roquerío
el mar el aire el hombre están inmóviles
tal vez como una rosa la piedad
se abre al borde del agua y sube lenta
deteniendo en silencio la dureza
parece que uno a uno los minutos
se replegaron como un abanico
y el corazón del pescador desnudo
tranquilizó en el agua su latido
pero cuando la roca no miraba
y la ola olvidaba sus poderes
en el centro de aquel planeta mudo
se descargó el relámpago del hombre
contra la vida inmóvil de la piedra

clavó la lanza en la materia pura
el pez herido palpitó en la luz
cruel bandera del mar indiferente
mariposa de sal ensangrentada.

Cita de invierno

I

He esperado este invierno como ningún invierno
se esperó por un hombre antes de mí,
todos tenían citas con la dicha:
sólo yo te esperaba, oscura hora.
Es éste como los de antaño, con padre y madre, con fuego
de carbón y el relincho de un caballo en la calle?
Es este invierno como el del año futuro,
el de la inexistencia, con el frío total
y la naturaleza no sabe que nos fuimos?
No. Reclamé la soledad circundada
por un gran cinturón de pura lluvia
y aquí en mi propio océano me encontró con el viento
volando como un pájaro entre dos zonas de agua.
Todo estaba dispuesto para que llore el cielo.
El fecundo cielo de un solo suave párpado
dejó caer sus lágrimas como espadas glaciales
y se cerró como una habitación de hotel
el mundo: cielo, lluvia y espacio.

II

Oh centro, oh copa sin latitud ni término!
Oh corazón celeste del agua derramada!
Entre el aire y la arena baila y vive
un cuerpo destinado

a buscar su alimento transparente
mientras yo llego y entro con sombrero,
con cenicientas botas
gastadas por la sed de los caminos.
Nadie había llegado
para la solitaria ceremonia.
Me siento apenas solo
ahora que la pureza es perceptible.
Sé que no tengo fondo, como el pozo
que nos llenó de espanto cuando niños,
y que rodeado por la transparencia
y la palpitación de las agujas
hablo con el invierno,
con la dominación y el poderío
de su vago elemento,
con la extensión y la salpicadura
de su rosa tardía
hasta que pronto no había luz
y bajo el techo
de la casa oscura
yo seguiré sin que nadie responda
hablando con la tierra.

III

Quién no desea un alma dura?
Quién no se practicó en el alma un filo?
Cuando a poco de ver vimos el odio
y de empezar a andar nos tropezaron
y de querer amar nos desamaron
y sólo de tocar fuimos heridos,
quién no hizo algo por armar sus manos
y para subsistir hacerse duro
como el cuchillo, y devolver la herida?
El delicado pretendió aspereza,
el más tierno buscaba empuñadura,
el que sólo quería que lo amaran

con un tal vez, con la mitad de un beso,
pasó arrogante sin mirar a aquella
que lo esperaba abierta y desdichada:
no hubo nada que hacer: de calle en calle
se establecieron mercados de máscaras
y el mercader probaba a cada uno
un rostro de crepúsculo o de tigre,
de austero, de virtud, de antepasado,
hasta que terminó la luna llena
y en la noche sin luz fuimos iguales.

IV

Yo tuve un rostro que perdí en la arena,
un pálido papel de pesaroso
y me costó cambiar la piel del alma
hasta llegar a ser el verdadero,
a conquistar este derecho triste:
esperar el invierno sin testigos.
Esperar una ola bajo el vuelo
del oxidado cormorán marino
en plena soledad restituida.
Esperar y encontrarme con un síntoma
de luz o luto
o nada:
lo que percibe apenas mi razón,
mi sinrazón, mi corazón, mis dudas.

V

Ahora ya tiene el agua tanto tiempo
que es nueva, el agua antigua se fugó
a romper su cristal en otra vida
y la arena tampoco recogió
el tiempo, es otro el mar y su camisa,
la identidad perdió el espejo
y crecimos cambiando de camino.

VI

Invierno, no me busques. He partido.
Estoy después, en lo que llega ahora
y desarrollará la lluvia fina,
las agujas sin fin, el matrimonio
del alma con los árboles mojados,
la ceniza del mar, el estallido
de una cápsula de oro en el follaje,
y mis ojos tardíos
sólo preocupados por la tierra.

VII

Sólo por tierra, viento, agua y arena
que me otorgaron claridad plenaria.

El héroe

Me convidó la dueña del castillo
a cada habitación para llorar.
Yo no la conocía
pero la amaba con amor amargo
como si mis desdichas se debieran
a que una vez dejó caer sus trenzas
sobre mí, derramándome la sombra.

Ahora ya era tarde.

Entramos
entre los retratos muertos,
y las pisadas
eran

como
si fuéramos tocando
hacia abajo
a la puerta
del triste honor, del laberinto ciego,
y la única verdad
era el olvido.

Por eso, en cada estancia
el silencio era un líquido,
y la señora dura del castillo
y yo, el testigo negro,
vacilábamos juntos
flotando en aquel frío,
tocaba el techo con su cabellera:
arriba el oro sucio
de los viejos salones
se confundía con sus pies desnudos.

El espeso sigilo
de las caducas cámaras
me levantaba, pero yo luché
invocando la naturalidad
de la física pura,
pero la castellana sumergida
me invitó a continuar
y divagando
sobre las alfombras rotas,
llorando en los pasillos,
llegaron horas puras y vacías,
sin alimentación y sin palabras,
o todo era pasado o sueño vano,
o el tiempo
no nos reconocía
y en su red, presos como peces, éramos
dos condenados al castillo inmóvil.

Aquellas horas sostengo en mis manos
como se guardan piedras o cenizas
sin pedir nada más a los recuerdos.
Pero, si mi destino errante
me conduce a los muros del castillo,
me cubro con mi máscara,
apresuro
el paso junto al foso,
cruzo las márgenes del funesto lago,
me alejo sin mirar: tal vez sus trenzas
caigan una vez más de los balcones
y ella con llanto agudo
llegue a mi corazón a detenerme.

Por eso yo, el astuto cazador
camino enmascarado por el bosque.

Bosque

Busqué para enterrar de nuevo
la raíz del árbol difunto:
me parecía que en el aire
aquella cabellera dura
era el dolor del pasajero:
y cuando la metí en la tierra
se estremeció como una mano
y otra vez tal vez, esta vez,
volvió a vivir con las raíces.

Yo soy de ese pueblo perdido
bajo la campana del mundo:
no necesito de los ojos,
la sed determina mi patria
y el agua ciega que me nutre.

Entonces del bosque raído
extraje el bien desenterrado
por la tempestad o la edad:
miré hacia arriba y hacia adentro
como si todo me acechara:
no podía sentirme solo,
el bosque contaba conmigo
para sus trabajos profundos.

Y cuando cavé, me miraban
los cotiledones hojosos,
los epipétalos hipóginos,
las drupas de íntimo contacto,
las emigrantes azorellas,
los nothofagos inclementes.
Examinaban la quietud
de mis manos ferruginosas
que cavaban de nuevo un hoyo
para raíces resurrectas.

El amancai y el altramuz
se empinaban sobre la greda
hasta las hojas y los ojos
del raulí que me examinaba,
del maitén puro y tembloroso
con sus guirnaldas de agua verde:
y yo sosteniendo en la selva
aquel silencio irresponsable
como un mayordomo vacío
sin herramientas ni lenguaje.

Nadie sabe mi profesión
de empecinado en las raíces,
entre las cosas que crujen
y las que silban de repente,
cuando las heliánteas homógamas
construyen sus cubos genésicos
toda la selva vaginal

es una bodega olorosa,
y voy y vengo salpicando
las constelaciones del polen
en el silencio poderoso.

De pronto una balada

Será verdad que otra vez ha golpeado
como aroma o temor, como extranjero
que no conoce bien calle ni casa.
Será verdad, tan tarde, y luego aún
la vida manifiesta una ruptura,
algo nace en el fondo de lo que era
ceniza
y el vaso tiembla con el nuevo vino
que cae y que lo enciende. Ay! será aquello
igual que ayer, camino sin señales,
y las estrellas arden con frescura
de jazmines entre tú y la noche,
ay! es algo que asume la alegría
atropelladamente rechazada
y que declara sin que nadie escuche
que no se rinde. Y sube una bandera
una vez más a las torres quemadas.
Oh amor, oh amor de pronto y de amenaza,
súbito, oscurecido, se estremece
la memoria y acude
el navío de plata,
el desembarcadero matutino:
niebla y espuma cubren las riberas,
cruza un grito espacial hacia las islas
y en plena puerta herida del Océano
la novia con su cola de azucenas
lista para partir. Mira sus trenzas:
son dos cascadas puras de carbones,

dos alas negras como golondrinas,
dos pesadas cadenas victoriosas.
Y ella como en la cita de esponsales
aguarda coronada por el mar
en el embarcadero imaginario.

Amores: Delia (I)

Delia es la luz de la ventana abierta
a la verdad, al árbol de la miel,
y pasó el tiempo sin que yo supiera
si quedó de los años malheridos
sólo su resplandor de inteligencia,
la suavidad de la que acompañó
la dura habitación de mis dolores.

Porque a juzgar por lo que yo recuerdo
donde las siete espadas se clavaron
en mí, buscando sangre,
y me brotó del corazón la ausencia,
allí, Delia, la luna luminosa
de tu razón apartó los dolores.

Tú, del país extenso
a mí llegabas
con corazón extenso, difundido
como dorado cereal, abierto
a las transmigraciones de la harina,
y no hay ternura como la que cae
como cae la lluvia en la pradera:
lentas llegan las gotas, las recibe
el espacio, el estiércol, el silencio
y el despertar de la ganadería
que muge en la humedad bajo el violín
del cielo.

Desde allí,
como el aroma que dejó la rosa
en un traje de luto y en invierno,
así de pronto te reconocí
como si siempre hubieras sido mía
sin ser, sin más que aquel desnudo
vestigio o sombra clara
de pétalo o espada luminosa.

La guerra llegó entonces:
tú y yo la recibimos a la puerta:
parecía una virgen transitoria
que cantaba muriendo
y parecía hermoso
el humo, el estampido
de la pólvora azul sobre la nieve,
pero de pronto
nuestras ventanas rotas,
la metralla
entre los libros,
la sangre fresca
en charcas por las calles:
la guerra no es sonrisa,
se dormían los himnos,
vibraba el suelo al paso
pesado del soldado,
la muerte desgranaba
espiga tras espiga:
no volvió nuestro amigo,
fue amarga sin llorar
aquella hora,
luego, luego las lágrimas,
porque el honor lloraba,
tal vez en la derrota
no sabíamos
que se abría la más inmensa fosa
y en tierra caerían
naciones y ciudades.

Aquella edad son nuestras cicatrices.
Guardamos la tristeza y las cenizas.

Ya vienen
por la puerta
de Madrid
los moros,
entra Franco en su carro de esqueletos,
nuestros amigos
muertos, desterrados.

Delia, entre tantas hojas
del árbol de la vida,
tu presencia
en el fuego,
tu virtud
de rocío:
en el viento iracundo
una paloma.

Amores: Delia (II)

Las gentes se acallaron y durmieron
como cada uno era y será:
tal vez en ti no nacía el rencor,
porque está escrito en donde no se lee
que el amor extinguido no es la muerte
sino una forma amarga de nacer.

Perdón para mi corazón en donde
habita el gran rumor de las abejas:
yo sé que tú, como todos los seres,
la miel excelsa tocas
y desprendes
de la piedra lunar, del firmamento,

tu propia estrella,
y cristalina eres entre todas.

Yo no desprecio, no desdeño, soy
tesorero del mar, escucho apenas
las palabras del daño
y reconstruyo
mi habitación, mi ciencia, mi alegría,
y si pude agregarte la tristeza
de mis ojos ausentes, no fue mía
la razón ni tampoco la locura:
amé otra vez y levantó el amor
una ola en mi vida y fui llenado
por el amor, sólo por el amor,
sin destinar a nadie la desdicha.

Por eso, pasajera
suavísima,
hilo de acero y miel que ató mis manos
en los años sonoros,
existes tú no como enredadera
en el árbol sino con tu verdad.

Pasaré, pasaremos,
dice el agua
y canta la verdad contra la piedra,
el cauce se derrama y se desvía,
crecen las hierbas locas
a la orilla:
pasaré, pasaremos,
dice la noche al día,
el mes al año,
el tiempo
impone rectitud al testimonio
de los que pierden y de los que ganan,
pero incansablemente crece el árbol
y muere el árbol y a la vida acude
otro germen y todo continúa.

Y no es la adversidad la que separa
los seres, sino
el crecimiento,
nunca ha muerto una flor: sigue naciendo.

Por eso aunque perdóname
y perdono
y él es culpable y ella
y van y vienen
las lenguas amarradas
a la perplejidad y a la impudicia,
la verdad
es
que todo ha florecido
y no conoce el sol las cicatrices.

La noche

Entro en el aire negro.
La noche vieja tiene
paciencia en su follaje,
se mueve
con su espacio,
redonda,
agujereada,
con qué plumas se envuelve?
O va desnuda?
Cayó sobre metálicas
montañas
cubriéndolas con sal
de estrellas duras:
uno por uno
cuanto monte
existe
se extinguió y descendió bajo sus alas:

bajo el trabajo negro de sus manos.
Al mismo tiempo
fuimos
barro negro,
muñecos
derribados
que dormían
sin ser, dejando fuera el traje diurno,
las lanzas de oro, el sombrero de espigas,
la vida con sus calles y sus números
allí quedó,
montón de pobre orgullo,
colmena sin sonido.
Ay noche y noche, abierta
boca, barca, botella,
no sólo tiempo y sombra,
no sólo la fatiga,
algo irrumpe, se colma
como una taza,
leche oscura,
sal negra,
y cae
adentro
de su pozo
el destino,
se quema cuanto existe, el humo
viaja buscando espacio hasta extender la noche,
pero
de la ceniza
mañana
naceremos.

Oh tierra, espérame

Vuélveme oh sol
a mi destino agreste,
lluvia del viejo bosque,
devuélveme el aroma y las espadas
que caían del cielo,
la solitaria paz de pasto y piedra,
la humedad de las márgenes del río,
el olor del alerce,
el viento vivo como un corazón
latiendo entre la huraña muchedumbre
de la gran araucaria.

Tierra, devuélveme tus dones puros,
las torres del silencio que subieron
de la solemnidad de sus raíces:
quiero volver a ser lo que no he sido,
aprender a volver desde tan hondo
que entre todas las cosas naturales
pueda vivir o no vivir: no importa
ser una piedra más, la piedra oscura,
la piedra pura que se lleva el río.

Patagonias

I

Áspero territorio,
extremo sur del agua:
recorrí
los costados,

los pies, los dedos fríos
del planeta,
desde arriba mirando
el duro ceño,
tercos montes y nieve abandonada,
cúpulas del vacío,
viendo,
como una cinta que se desenrolla
bajo las alas férreas,
la hostilidad
de la naturaleza.

Aquí, cumbres de sombra,
ventisqueros,
y el infinito orgullo
que hace resplandecer
las soledades,
aquí, en alguna cita
con raíces
o sólo con el ímpetu del viento,
debo de haber nacido.

Tengo que ver, tengo deberes puros
con esta claridad enmarañada
y me pesa el espacio en el pasado
como si mi pequeña historia humana
se hubiera escrito a golpes en la nieve
y ahora yo descubriera
mi propio nombre, mi estupor silvestre,
la volcánica estatua de la vida.

II

La patria se descubre
pétalo a pétalo
bajo los harapos
porque de tanta soledad el hombre

no extrajo flor, ni anillo, ni sombrero:
no encontró en estos páramos
sino la lengua
de los ventisqueros,
los dientes de la nieve,
la rama turbulenta
de los ríos.
Pero a mí me sosiegan
estos montes,
la paz huraña,
el cuerpo de la luna
repartido
como un espejo roto.

Desde arriba acaricio
mi propia piel, mis ojos,
mi tristeza,
y en mi propia extensión veo la sombra:
mi propia Patagonia:
pertenezco a los ásperos conflictos
de alguna inmensa estrella
que cayó derrotándome
y sólo soy una raíz herida
del torpe territorio:
me quemó la ciclónea nieve,
las astillas del hielo,
la insistencia del viento,
la crueldad clara, la noche pura y dura
como una espina.
                    Pido
a la tierra, al destino,
este silencio
que me pertenece.

Serenata de México

De Cuernavaca al mar México extiende
pinares, pueblos pardos, ríos rotos
entre la piedra antigua, eriales, hierbas
con ojos de amaranto, iguanas lentas,
techos de teja anaranjada, espinas,
socavones de mina abandonada,
serpientes ígneas, hombres polvorientos,
y el camino ondulando, atormentado
por la geología del infierno.

Oh corazón profundo, piedra y fuego,
estrella cercenada,
rosa enemiga,
pólvora en el viento!

Viví la alevosía
de la vieja crueldad,
toqué la rosa
perenne,
el rumor
de la abeja incesante:
cuanto el pequeño mexicano toca
con dedos o con alas,
hilo, plata, madera,
cuero, turquesa, barro,
se convierte en corola duradera,
cobra existencia y vuela crepitando.

Oh México, entre todas
las cumbres
o desiertos
o campiñas
de nuestro territorio desangrado

yo te separaría
por viviente,
por milenario sueño y por relámpago,
por subterráneo de todas las sombras
y por fulgor y amor nunca domados.

Aire para mi pecho,
para las vanas
sílabas
del hombre,
del hombre que te canta:
así fue el peregrino
del sisal a la piedra, a los sombreros,
a los telares, a la agricultura,
y aquí tengo en mi sien la cicatriz
de amarte y conocerte
y cuando cierro de noche los ojos
oigo música pobre
de tu calle
y voy durmiendo como navegando
en la respiración de Sinaloa.

A mano levantaron
tu hirsuta geografía,
a manos de hombre oscuro,
a manos de soldado,
de labrador, de músico,
se templó tu estatura
y la greda y la piedra levantada
a la orilla nupcial
de los océanos
se pobló con espinas,
con ágaves
cuyo jade entreabrió por sus heridas
los ojos alcohólicos
del sueño y de la ira.

Así entre los breñales se juntaron
mariposas y huesos de difuntos,
amapolas y dioses olvidados.

Pero los dioses no olvidaban.

Madre materia, germen,
tierra germinadora,
arcilla
tempestuosa
de la fecundación, lluvia encendida
sobre las tierras rojas,
en todas partes
resurgió la mano:
de la vieja ceniza del volcán
la oscura mano pura
renació
construyendo y construyendo.

Como tal vez antaño,
cuando llegó de lejos
el invasor amargo
y el eclipse del frío
cubrió con su mortaja
el cuerpo de oro,
así el picapedrero
hizo su célula
de piedra y la substancia
del sol le dio la miel de cada día:
el alfarero derramó al mercado
el redondo racimo
de los cántaros
y entre las hebras verdes y amarillas
irisó el tejedor sus mariposas,
de tal manera que florecen páramos
con el honor de su mercadería.

Yo tu selva sonora
conozco, en los rincones
de Chiapas olorosa
puse mis pies australes,
lo recuerdo:
caía brusco
el gran crepúsculo de ceniza azul
y en lo alto no había
cielo ni claridad:
todo era hojas:
el corazón del mundo era un follaje.
Porque entre
tierra oscura y noche verde
no me sentí agobiado,
a pesar
del infortunio
y de la hora incierta,
no me sentí tal vez por vez primera
padre del llanto
o huésped
de la eterna agonía.

Y la tierra sonora y saturada
me enseñó de una vez a ser terrestre:
reconocí derrotas y dolores:
por vez primera me enseñó la arcilla
terrenal
que cantando
conquista el solitario la alegría.

Crepitaban ardiendo
y apagándose
los coros de la selva,
pájaros con voz de agua infinita,
roncos gritos de bestias sorprendidas,
o crecía en el orbe atormentado
un súbito silencio,
cuando de pronto estremeció la tierra
el temblor espacial de las cigarras.

Yo me quedé pasmado,
mínimo, atónito en la certidumbre
de que un motor celeste
removiera la noche y el sonido.

Temblaba el cielo con sus azucenas,
la sombra agazapó sus azabaches
y subía, subía
el frenesí delgado
de una ola,
la migración metálica
de un río
de campanas.

Allí, la espesa noche
preparaba sus ojos:
el mundo
se iba llenando de color oscuro:
las estrellas latían
y yo solo, asediado
por el violín de los aserraderos
nocturnos, la cantata
universal
de un pueblo
secreto
de cigarras.

Yo regresé a mi tierra, y acodado
a las ventanas duras del invierno
acecho la insistencia de las olas
del océano frío de Isla Negra:
se desploma el honor del mediodía
en la sal poderosa
y crecen los estuarios de la espuma
en el sinfín del tiempo y de su arena.

Yo veo que las aves
dirigidas
como naves hambrientas
van sobre el mar buscando el fuego azul:
las piedras calurosas:
pienso que la victoria de sus alas
tal vez las haga descender un día
en las costas
de México bravío,
las transporta la sed
del hemisferio,
las incita un camino misterioso.

Aquí las recomiendo.
Yo quiero que desciendan
a las fosforescentes anilinas
del crepitante añil
y dispersen el ramo de su vuelo
sobre las californias mexicanas.

A las aves hambrientas,
emigrantes,
desgrana tu racimo generoso,
los peces de la luz, los huracanes
de tu salud sangrienta:

Oh, México, recibe
con las alas que volaron
desde el extremo sur, donde termina,
en la blancura, el cuerpo
de la América oscura,
recibe el movimiento
de nuestra identidad que reconoce
su sangre, su maíz, su desamparo,
su estrella desmedida:
somos la misma planta
y no se tocan
sino nuestras raíces.

Para la envidia

De uno a uno saqué los envidiosos
de mi propia camisa, de mi piel,
los vi junto a mí mismo cada día,
los contemplé
en el reino transparente
de una gota de agua:
los amé cuanto pude: en su desdicha
o en la ecuanimidad de sus trabajos:
y hasta ahora no sé
cómo ni cuándo
substituyeron nardo o limonero
por silenciosa arruga
y una grieta anidó donde se abriera
la estrella regular de la sonrisa.

Aquella grita de un hombre en la boca!

Aquella miel que fue substituida!

El grave viento de la edad
volando
trajo polvo, alimentos,
semillas separadas del amor,
pétalos enrollados de serpiente,
ceniza cruel del odio muerto
y todo
fructificó en la herida de la boca,
funcionó la pasión generatriz
y el triste sedimento del olvido
germinó, levantando la corola,
la medusa violeta de la envidia.

Qué haces tú, Pedro, cuando sacas peces?
Los devuelves al mar, rompes la red,
cierras los ojos ante el incentivo
de la profundidad procreadora?

Ay! Yo confieso mi pecado puro!
Cuanto saqué del mar,
coral, escama,
cola del arcoiris,
pez o palabra o planta plateada
o simplemente piedra submarina,
yo la erigí, le di la luz de mi alma.

Yo, pescador, recogí lo perdido
y no hice daño a nadie en mis trabajos.

No hice daño, o tal vez herí de muerte
al que quiso nacer y recibió
el canto de mi desembocadura
que silenció su condición bravía:
al que no quiso
navegar en mi pecho,
y desató
su propia fuerza,
pero vino el viento
y se llevó su voz y no nacieron
aquellos que querían ver la luz.

Tal vez el hombre crece y no respeta,
como el árbol del bosque, el albedrío
de lo que lo rodea,
y es de pronto
no sólo la raíz, sino la noche,
y no sólo da frutos, sino sombra,
sombra y noche que el tiempo y el follaje
abandonaron en el crecimiento
hasta que desde la humedad yacente

en donde esperan las germinaciones
no se divisan dedos de la luz:
el gratuito sol le fue negado
a la semilla hambrienta
y a plena oscuridad desencadena
el alma un desarrollo atormentado.

Tal vez no sé, no supe, no sabía.

No tuve tiempo en mis preocupaciones
de ver, de oír, de acechar y palpar
lo que estaba pasando, y por amor
pensé que mi deber era cantar,
cantar creciendo y olvidando siempre,
agonizando como resistiendo:
era mi amor, mi oficio
en la mañana entre los carpinteros,
bebiendo con los húsares, de noche,
desatar la escritura de mi canto
y yo creí cumplir,
ardiente o separado
del fuego,
cerca del manantial o en la ceniza,
creí que dando cuanto yo tenía,
hiriéndome para no dormir,
a todo sueño, a toda hora, a toda vida,
con mi sangre y con mis meditaciones,
y con lo que aprendí de cada cosa,
del clavel, de su generosidad,
de la madera y su paz olorosa,
del propio amor, del río, de la muerte,
con lo que me otorgó la ciudad y la tierra,
con lo que yo arranqué de una ola verde,
o de una casa que dejó vacía
la guerra, o de una lámpara
que halló encendida en medio del otoño,
así como del hombre y de sus máquinas,

del pequeño empleado y su aflicción,
o del navío navegando en la niebla:
con todo y, más que todo, con lo que yo debía
a cada hombre por su propia vida
hice yo lo posible por pagar, y no tuve
otra moneda que mi propia sangre.

Ahora qué hago con éste y con el otro?

Qué puedo hacer para restituir
lo que yo no robé? Por qué la primavera
me trajo a mí una corona amarilla
y quién anduvo hostil y enmarañado
buscándola en el bosque? Ahora
tal vez es tarde ya para encontrar
y volcar en la copa del rencor
la verdad atrasada y cristalina.

Tal vez el tiempo endureció la voz,
la boca, la piedad del ofendido,
y ya el reloj no podrá volver
a la consagración de la ternura.

El odio despiadado tuvo tiempo
de construir un pabellón furioso
y destinarme una corona cruel
con espinas sangrientas y oxidadas.
Y no fue por orgullo que guardé
el corazón ausente del terror:
ni de mi dolor ensimismado,
ni de las alegrías que sostengo
dispersé
en la venganza
el poderío.

Fue por otra razón, por indefenso.

Fue porque a cada mordedura
el día
que llegaba
me separaba de un nuevo dolor,
me amarraba las manos y crecía
el liquen en la piedra de mi pecho,
la enredadera se me derramaba,
pequeñas manos verdes me cubrían,
y me fui ya sin puños a los bosques
o me dormí en el título del trébol.

Oh, yo resguardo en mí mismo la avaricia
de mis espadas, lento
en la ira,
gozo
en mi dureza,
pero cuando la tórtola en la torre
trina, y agacha el brazo el alfarero
hacia su barro, haciéndolo vasija,
yo tiemblo y me traspasa
el aire lancinante:
mi corazón se va con la paloma.

Llueve y salgo a probar el aguacero.

Yo salgo a ser lo que amo, la desnuda
existencia del sol en el peñasco,
y lo que crece y crece sin saber
que no puede abolir su crecimiento:
dar grano el trigo: ser innumerable
sin razón: porque así le fue ordenado:
sin orden, sin mandato,
y, entre las rosas que no se reparten,
tal vez esta secreta voluntad,
esta trepidación de pan y arena,
llegaron a imponer su condición
y no soy yo sino materia viva

que fermenta y levanta sus insignias
en la fecundación de cada día.

Tal vez la envidia, cuando
sacó a brillar contra mí la navaja
y se hizo profesión de algunos cuantos,
agregó a mi substancia un alimento
que yo necesitaba en mis trabajos,
un ácido agresivo que me dio
el estímulo brusco de una hora,
la corrosiva lengua contra el agua.

Tal vez la envidia, estrella
hecha de vidrios rotos
caídos
en una calle amarga,
fue una medalla que condecoró
el pan que doy cantando cada día
y a mi buen corazón de panadero.

V

SONATA CRÍTICA

Arte magnética

De tanto amar y andar salen los libros.
Y si no tienen besos o regiones
y si no tienen hombre a manos llenas,
si no tienen mujer en cada gota,
hambre, deseo, cólera, caminos,
no sirven para escudo ni campana:
están sin ojos y no podrán abrirlos,
tendrán la boca muerta del precepto.

Amé las genitales enramadas
y entre sangre y amor cavé mis versos,
en tierra dura establecí una rosa
disputada entre el fuego y el rocío.

Por eso pude caminar cantando.

La noche

Quiero no saber ni soñar.
Quién puede enseñarme a no ser,
a vivir sin seguir viviendo?

Cómo continúa el agua?
Cuál es el cielo de las piedras?

Inmóvil hasta que detengan
las migraciones su destino
y luego viajen en el viento
de los archipiélagos fríos.

Inmóvil con secreta vida
como una ciudad subterránea
que se fatigó de sus calles,
que se escondió bajo la tierra
y ya nadie sabe que existe,
no tiene manos ni almacenes,
se alimenta de su silencio.

Alguna vez ser invisible,
hablar sin palabras, oír
sólo ciertas gotas de lluvia,
sólo el vuelo de cierta sombra.

A los desavenidos

Estos matrimonios peleados,
estas discordantes uniones,
por qué no rompen de una vez
y se terminan las historias,
las quejas de Juan y Juana,
los gritos entre Pedro y Pedra,
los palos entre Roso y Rosa?

A nadie le gusta pasear
con pez espadas conyugales
armados de razones duras
o disolviéndose en salmuera.

Por favor, pónganse de acuerdo
para no ponerse de acuerdo,

no salgan a mostrar cuchillos,
tenedores ni dentaduras.

En el estuario del amor
caben aún todas las lágrimas
y toda la tierra no puede
llenar la tumba del amor,
pero para morder y herir
no se pone el sol en las camas,
sino la sombra en los caminos.

A la baraja

Sólo seis oros,
siete
copas, tengo.

Y una ventana de agua.

Una sota ondulante,
y un caballo marino
con espada.

Una reina bravía
de pelo sanguinario
y de manos doradas.

Ahora que me digan
qué juego, qué adelanto,
qué pongo, qué retiro,
si naipes navegantes,
si solitarias copas,
si la reina o la espada.

Que alguien mire y me diga,
mire el juego del tiempo,
las horas de la vida,
las cartas del silencio,
la sombra y sus designios,
y me diga qué juego
para seguir perdiendo.

Se amanece

Se amanece sin deudas
y sin dudas
y luego
cambia el día,
rueda la rueda,
se transfigura el fuego.

No va quedando nada
de lo que amaneció, se fue quemando
la tierra uva por uva,
se fue quedando el corazón sin sangre,
la primavera se quedó sin hojas.

Por qué pasó todo esto en este día?
Por qué se equivocó de campanas?
O todo tiene que ser siempre así?

Cómo torcer, desembrollar el hilo,
ir remontando el sol hasta la sombra,
devolver luz hasta que la noche
se embarace de nuevo con un día,
y que este día sea nuestro hijo,
interminable hallazgo, cabellera
del tiempo recobrado,
conquistado a la deuda y a la duda

para que nuestra vida
sólo sea
una sola materia matutina,
una corriente clara.

La soledad

Lo que no pasó fue tan súbito
que allí me quedé para siempre,
sin saber, sin que me supieran,
como debajo de un sillón,
como perdido en la noche:
así fue aquello que no fue,
y así me quedé para siempre.

Pregunté a los otros después,
a las mujeres, a los hombres,
qué hacían con tanta certeza
y cómo aprendieron la vida:
en realidad no contestaron,
siguieron bailando y viviendo.

Es lo que no le pasó a uno
lo que determina el silencio,
y no quiero seguir hablando
porque allí me quedé esperando;
en esa región y aquel día
no sé lo que me pasó
pero yo ya no soy el mismo.

Por fin no hay nadie

Por fin no hay nadie, no, no hay voz ni boca,
no hay ojos, manos, pies: todos se fueron,
el día limpio corre con un aro,
el aire frío es un metal desnudo.
Sí, metal, aire y agua, y amarilla
inflorescencia, espesa en su racimo,
algo más, lo tenaz de su perfume,
el patrimonio puro de la tierra.

Dónde está la verdad? Pero la llave
se extravió en un ejército de puertas
y allí está entre las otras,
sin hallar
        nunca más
               su cerradura.

Por fin,
por eso no hay dónde perder
la llave, la verdad ni la mentira.

Aquí
no hay calle, nadie tiene puertas,
sólo con un temblor se abre la arena.
Y se abre todo el mar, todo el silencio,
el espacio con flores amarillas;
se abre el perfume ciego de la tierra
y como no hay caminos
no vendrá nadie, sólo
la soledad que suena
con canto de campana.

Tal vez tenemos tiempo

Tal vez tenemos tiempo aún
para ser y para ser justos.
De una manera transitoria
ayer se murió la verdad
y aunque lo sabe todo el mundo
todo el mundo lo disimula:
ninguno le ha mandado flores:
ya se murió y no llora nadie.

Tal vez entre olvido y apuro
un poco antes del entierro
tendremos la oportunidad
de nuestra muerte y nuestra vida
para salir de calle en calle,
de mar en mar, de puerto en puerto,
de cordillera en cordillera,
y sobre todo de hombre en hombre,
a preguntar si la matamos
o si la mataron otros,
si fueron nuestros enemigos
o nuestro amor cometió el crimen,
porque ya murió la verdad
y ahora podemos ser justos.

Antes debíamos pelear
con armas de oscuro calibre
y por herirnos olvidamos
para qué estábamos peleando.

Nunca se supo de quién era
la sangre que nos envolvía,
acusábamos sin cesar,
sin cesar fuimos acusados,

ellos sufrieron, y sufrimos,
y cuando ya ganaron ellos
y también ganamos nosotros
había muerto la verdad
de antigüedad o de violencia.
Ahora no hay nada que hacer:
todos perdimos la batalla.

Por eso pienso que tal vez
por fin pudiéramos ser justos
o por fin pudiéramos ser:
tenemos este último minuto
y luego mil años de gloria
para no ser y no volver.

El episodio

Hoy otra vez buenos días, razón,
como un antepasado y sin duda tal vez
como los que vendrán al trabajo mañana
con una mano toman la herramienta
y con toda las manos el decoro.

Sin ellos tambaleaban los navíos,
las torres no ocultaban su amenaza,
los pies se le enredaban al viajero:
ay, esta humanidad que pierde el rumbo
y vocifera el muerto, tirándola hacia atrás,
hacia la ineptitud de la codicia,
mientras el equilibrio se cubre con la cólera
para restituir la razón del camino.

Hoy otra vez, aquí me tienes, compañero:
con un sueño más dulce que un racimo
atado a ti, a tu suerte, a tu congoja.

Debo abolir orgullo, soledad, desvarío,
atenerme al recinto comunal y volver
a sostener el palio común de los deberes.

Yo sé que puedo abrir el delirio inocente
del casto ser perdido entre palabras
que dispone de entradas falsas al infierno,
pero para ese juego nacieron los saciados:
mi poesía es aún un camino en la lluvia
por donde pasan niños descalzos a la escuela
y no tengo remedio sino cuando me callo:
si me dan la guitarra canto cosas amargas.

EL GRAN   Todos se preguntaron, qué pasó?
SILENCIO
              Sin preguntar se preguntaban todos
              y comenzó a vivirse en el veneno
              sin saber cómo, de la noche al día.
              Se resbalaba en el silencio como
              si fuera nieve negra el pavimento,
              los hambrientos oídos esperaban
              un signo, y no se oía
              sino un sordo rumor, y numeroso:
              eran tantas ausencias que se unían
              unas a otras como un agujero:
              y otro agujero, y otro y otro y otro
              van haciendo una red, y ésa es la patria.
              Sí, de pronto la patria fue una red,
              todos fueron envueltos en vacío,
              en una red sin hilos que amarraba
              los ojos, los oídos y la boca
              y ya nadie sintió porque no había
              con qué sentir, la boca
              no tenía derecho a tener lengua,
              los ojos no debían ver la ausencia,
              el corazón vivía emparedado.

Yo fui, yo estuve, yo toqué las manos,
alcé la copa de color de río,
comí el pan defendido por la sangre:
bajo la sombra del honor humano
dormí y eran espléndidas las hojas
como si un solo árbol resumiera
todos los crecimientos de la tierra
y fui, de hermano a hermano, recibido
con la nobleza nueva y verdadera
de los que con las manos en la harina
amasaron el nuevo pan del mundo.

Sin embargo, allí estaba en ese tiempo
la presencia pugnaz, aquella herida
de sangre y sombra que nos acompaña:
lo que pasó, el silencio y la pregunta
que no se abrió en la boca, que murió
en la casa, en la calle y en la usina.
Alguien fallaba, pero no podía
la madre, el padre, el hermano, la hermana,
mirar el hueco de la ausencia atroz:
el sitio del ausente era un estigma:
no podía mirar el compañero
o preguntar, sin convertirse en aire,
y pasar al vacío, de repente,
sin que nadie notara ni supiese.

LA   Oh gran dolor de una victoria muerta
TRISTEZA en cada corazón! Estrangulados
por las lianas del miedo
que enlazaban la Torre del Reloj,
descendían los muros almenados
y entraban con la sombra a cada casa.

Ah tiempo parecido al agua cruel
de la ciénaga, al abierto pozo
de noche que se traga un niño:
y no se sabe y no se escucha el grito.
Y siguen en su sitio las estrellas.

EL MIEDO Qué pasó? Qué pasó? Cómo pasó?
          Cómo pudo pasar? Pero lo cierto
          es que pasó y lo claro es que pasó,
          se fue, se fue el dolor *a no volver*:
          cayó el error en su terrible embudo,
          de allí nació su juventud de acero.
          Y la esperanza levantó sus dedos.
          Ay sombría bandera que cubrió
          la hoz victoriosa, el peso del martillo
          con una sola pavorosa efigie!

          Yo la vi en mármol, en hierro plateado,
          en la tosca madera del Ural
          y sus bigotes eran dos raíces,
          y la vi en plata, en nácar, en cartón,
          en corcho, en piedra, en cinc, en alabastro,
          en azúcar, en piedra, en sal, en jade,
          en carbón, en cemento, en seda, en barro,
          en plástico, en arcilla, en hueso, en oro,
          de un metro, de diez metros, de cien metros,
          de dos milímetros en un grano de arroz,
          de mil kilómetros en tela colorada.
          Siempre aquellas estatuas estucadas
          de bigotudo dios con botas puestas
          y aquellos pantalones impecables
          que planchó el servilismo realista.
          Yo vi a la entrada del hotel, en medio
          de la mesa, en la tienda, en la estación,
          en los aeropuertos constelados,
          aquella efigie fría de un distante:
          de un ser que, entre uno y otro movimiento,
          se quedó inmóvil, muerto en la victoria.
          Y aquel muerto regía la crueldad
          desde su propia estatua innumerable:
          aquel inmóvil gobernó la vida.

NO PUEDE No puede el hombre hacerse sin peligro
      SER monumento de piedra y policía.

Y así pasó con él, con este grande
que comenzó a crecerse por decreto.
Y cuando poco a poco se hizo témpano,
fue congelando su alma enrarecida
por la impecable soledad del frío
y así aquel ingeniero del amor
construyó el pabellón de la desdicha.
Beria y los desalmados bandoleros
lo crearon a él o él los creó?

EL TERROR   La criatura del terror esconde
el eclipse, la luna, el sol maldito
de su progenitura ensangrentada
y el Dios demente incuba los castigos:
un ejército pálido de larvas
corren con ciegos ojos y puñales
a ejercitar el odio y la agonía,
y allí donde pasaron no quedó
ni libro, ni retrato, ni recuerdo:
hasta al niño sin voz le fue ordenado
nuevo nombre y escuela de suplicios.

Mientras tanto en su torre y en su estatua
el hombre del pavor sentía miedo:
sentía sombra dura y amenaza:
sentía la silbante soledad.

SUS   Y hacia el sur, hacia el Cáucaso partía
VACACIONES   desconocidamente, entre tinieblas,
buscando el mismo sol que nos negaba:
la luz de los capítulos georgianos:
(tal vez allí su infancia regresó
al torvo subterráneo de su vida)
(tal vez allí entre el miedo y la verdad
se hizo aquella pregunta que nos hiere:
Qué pasa? Qué pasó?) (Y tal vez el padre
del miedo no encontró respuesta.)

EL SUR De allí, de aquella luminosa miel,
DONDE NACIÓ de la palpitación de las abejas,
del mediodía estático, agua y cielo,
espléndido fulgor, piedra y follaje,
de allí salió su juventud de acero.
Cuanto aprendió, palabra,
acción abierta o lucha clandestina,
fue forjado entre muchos, como se hace
de organismo o de planta la estructura,
y esta familia humana tuvo padres,
hermanos, hijos, náufragos, victorias,
bandera, reunión, grito, doctrina,
hasta que fue tan serio como el rayo.

Y cayó el árbol muerto del pasado.

Él encarnó la dirección del día
cuando pidió opiniones a la luz
y su sabiduría fue prestada
como a todos los hombres: si se deja
olvidada como una vestidura
vuelve a ser otra vez un ser desnudo
y su pasión tendrá premio o castigo.

ERA OTRO Así pasó con él, cuando tomó
en sus manos las manos colectivas,
cuando agregó su paso al de los hombres,
cuando no vino como el rey de espadas
en la baraja, cruel y constelado.

LA GUERRA En la guerra se alzó sobre los hombros
como estática proa y la victoria
lo subió aún y así quedó en su altura
inmóvil, victorioso y separado.

El alma a plena luna se congela:
nada crece en su espejo desolado
sino la propia imagen, el circuito

de un solo polo, de una dimensión,
y la esfera implacable de la nieve.

EL DOLOR   Así se forma el alma enrarecida:
con espejo, con nadie, con retrato,
sin hombres, sin Partido, sin verdad,
con susurro, con celos, con distancia,
sin compañero, sin razón, sin canto,
con armas, con silencio, con papeles,
sin pueblo, sin consulta, sin sonrisa,
con espías, con sombras y con sangre,
sin Francia, sin Italia, sin claveles,
con Berias, con sarcófagos, con muertos,
sin comunicación, sin alegría,
con mentirosos látigos y lenguas,
sin comunicación, sin alegría,
con la imposición y la crueldad,
sin saber cuándo cortan la madera,
con la soberbia triste, con la cólera,
sin compartir el pan y la alegría,
con más y más y más y más y más
y sin nadie, sin nadie, sin ninguno,
con las puertas cerradas y con muros,
sin el pueblo de las panaderías,
con cordeles, con nudos, con ausencia,
sin mano abierta, sin flor evidente,
con ametralladora, con soldados,
sin la contradicción, sin la conciencia,
con destierro, con frío, con infierno,
sin ti, sin alma, solo, con la muerte.

NOSOTROS   Saber es un dolor. Y lo supimos:
CALLÁBAMOS   cada dato salido de la sombra
nos dio el padecimiento necesario:
aquel rumor se transformó en verdades,
la puerta oscura se llenó de luz,
y se rectificaron los dolores.
La verdad fue la vida en esa muerte.
Era pesado el saco del silencio.

Y aún costaba sangre levantarlo:
eran tantas las piedras del pasado.

Pero fue así de valeroso el día:
con un cuchillo de oro abrió la sombra
y entró la discusión como una rueda
rodando por la luz restituida
hasta el punto polar del territorio.

Ahora las espigas coronaron
la magnitud del sol y su energía:
de nuevo el camarada respondió
a la interrogación del camarada.
Y aquel camino duramente errado
volvió, con la verdad, a ser camino.

LOS   Los que pusimos el alma en la piedra,
COMUNISTAS   en el hierro, en la dura disciplina,
allí vivimos sólo por amor
y ya se sabe que nos desangramos
cuando la estrella fue tergiversada
por la luna sombría del eclipse.

Ahora veréis qué somos y pensamos.
Ahora veréis qué somos y seremos.

Somos la plata pura de la tierra,
el verdadero mineral del hombre,
encarnamos el mar que continúa:
la fortificación de la esperanza:
un minuto de sombra no nos ciega:
con ninguna agonía moriremos.

MIS   En cuanto a mí voy a agregar un árbol
ENEMIGOS   a la extensión de la intemperie invicta:
voy a hablar de mí mismo y de los nombres
que me determinaban a la muerte,
de los que no me amaban y esperaron
que cayera el planeta y me aplastara.

LOS LOBOS SE Ya cuando los metales de la aurora,
ACERCARON piedra, nieve, jacinto, miel, arena,
se oscurecieron en la fortaleza
porque la historia se apagó un minuto,
ellos vinieron contra mí y los míos
a picar mi cabeza contra el suelo
creyéndose ellos vivos y yo muerto,
creyéndose tal vez reivindicados
de sus clasificadas agonías
creándose un minuto de durar
en el pobre pasado del recuerdo.

SIN Ni jactancia ni duelo ni alegría
ORGULLO en esta hora a los que no la vieron
dejaré en estas hojas transversales,
bastó vivir y ver para cantar
y dónde pudo dirigirse el canto?

FUIMOS El viento del amor lo dirigía
LEALES y no buscó los capiteles rotos,
las estatuas podridas por el polvo,
las gusaneras de la alevosía,
ni buscó por error la patria muerta:
fue rechazado por los alfileres
y volvió a la garganta, sin nacer,
sin conocer la luz del nacimiento.

NO NOS No servían los límites cercados
VENDEMOS por el patrón de las ganaderías:
ni el sobresalto de los mercaderes
empollando en la sombra huevos de oro
y no podían, con la ley del alma,
empeñarse en la cifra y las monedas.

LA POESÍA Así el poeta escogió su camino
con el hermano suyo que apaleaban:
con el que se metía bajo tierra

y después de pelearse con la piedra
resucitaba sólo para el sueño.

EL POETA   Y también escogió la patria oscura,
la madre de frejoles y soldados,
de callejones negros en la lluvia
y trabajos pesados y nocturnos.

Por eso no me esperen de regreso.

No soy de los que vuelven de la luz.

NO, SEÑORES   Es en vano que acechen los que esperan
que yo me ponga en la esquina a vender
mis armas, mi razón, mis esperanzas.
Escuché cada día la amenaza,
la seducción, la furia, la mentira,
y no retrocedí desde mi estrella.

EL HONOR   Aquí cerca del mar parece vano
cuanto el rencor traía y devolvía,
pero los que mañana con los ojos
de otra edad mirarán esta frontera
de mi vida y mi muerte, encontrarán
que en el honor encontré la alegría.

EL MAL   Busca el hombre acosado en sus errores,
en su debilidad conmovedora,
alguien a quien sacrificar el peso
de lo que sin examen soportó,
y entonces esa piedra que llevaba
la arroja al que va abriéndole el camino.

Yo recibí en mi frente la pedrada.

Mi herida es el recuerdo de mi hermano:
del hombre que me amó sin encontrar
otro modo de hablarme sino herirme,

del hombre que me odió sin conocer
que en la luz asumí su oscuridad
y mi batalla fue por sus dolores.

NO ME RINDO Todos ellos quisieron que bajara
de la altura mi abeja y mi bandera
y que siguiendo el signo del crepúsculo
declarara mi error y recibiera
la condecoración del renegado.

Y en ese trance el crítico vetusto
implantó contra mí la guillotina,
pero no fue bastante ni fue poco
y, como si yo fuera una república
de repentina ráfaga insurgente,
tocaron el clarín contra mi pecho
y acudieron minúsculos gusanos
al orinal en que se debatía
en su propio pipí Pipipaseyro.

AQUÍ ESTOY *Limpio es el día que lavó la arena,*
blanca y fría en el mar rueda la espuma,
y en esta desmedida soledad
se sostiene la luz de mi albedrío.

Pero este mundo no es el que yo quiero.

ESPAÑA 1964 Las palabras del muro están escritas
en la pared y al último banquete
llegan los platos con manchas de sangre.
Se sienta Franco a la mesa de España,
encapuchado, y roe sin descanso
agregando aserrín a su huesera
y los encarcelados, los que ataron
la última rosa al fusil y cantaron
en la prisión, aúllan, y es el coro
de la cárcel, el alma amordazada
que se lamenta, cantan las cadenas,

aúlla el corazón sin su guitarra,
la tristeza camina por un túnel.

LA TRISTEZA   Cuando yo abrí los ojos a este mundo
y recibí la luz, el movimiento,
la comida, el amor y la palabra,
quién me diría que en todos los sitios
rompe el hombre los pactos de la luz,
construye y continúa los castigos.
Mi América a la piedra del pesar
encadenó torvamente a sus hijos
y sin cesar atormentó a su estirpe.

LOS TIRANOS   Y yo anduve mi vida entre los míos,
DE AMÉRICA   entre los desterrados y los muertos,
desperté al carcelero preguntando
el nombre de mi hermano sumergido
y a veces la respuesta era un silencio
de pozo, de entreabierta sepultura,
de padre y madre para siempre mudos.

Me quemé el corazón con este fuego
de honor invicto y dedos derrotados
como si yo debiera acumular
sangre de malheridos ecuadores
y siempre no ser yo sino los otros:
estos que soy también sin alegría:
porque como arrabal deshabitado
mi canto se llenó de prisioneros.

LOS «PUROS»   Me di cuenta que el hombre transitorio
reclama soledad para el que canta,
lo ha destinado a torre del desierto
y no acepta su grave compañía.
Lo quiere solo, atormentado y ciego.
Espera la cosecha tenebrosa
de las uvas del miedo y de la angustia,
quiere la eternidad del pasajero,

no reconoce en él sus propias manos,
ni la propia miseria que lo envuelve,
y en la profundidad que preconiza
quiere olvidar la incertidumbre humana.

LOS   Mientras tanto, las tribus y los pueblos
PUEBLOS arañan tierra y duermen en la mina,
pescan en las espinas del invierno,
clavan los clavos en sus ataúdes,
edifican ciudades que no habitan,
siembran el pan que no tendrán mañana,
se disputan el hambre y el peligro.

No es necesario

No es necesario silbar
para estar solo,
para vivir a oscuras.

En plena muchedumbre, a pleno cielo,
nos recordamos a nosotros mismos,
al íntimo, al desnudo,
al único que sabe cómo crecen sus uñas,
que sabe cómo se hace su silencio
y sus pobres palabras.
Hay Pedro para todos,
luces, satisfactorias Berenices,
pero, adentro,
debajo de la edad y de la ropa,
aún no tenemos nombre,
somos de otra manera.
No sólo por dormir los ojos se cerraron,
sino para no ver el mismo cielo.
Nos cansamos de pronto
y como si tocaran la campana

para entrar al colegio,
regresamos al pétalo escondido,
al hueso, a la raíz semisecreta
y allí, de pronto, somos,
somos aquello puro y olvidado,
somos lo verdadero
entre los cuatro muros de nuestra única piel,
entre las dos espadas de vivir y morir.

Atención al Mercado

Atención al Mercado,
que es mi vida!

Atención al Mercado,
compañeros!

Cuidado con herir
a los pescados!
Ya a plena luna, entre las traiciones
de la red invisible, del anzuelo,
por mano de pescante pescador
fallecieron, creían
en la inmortalidad
y aquí los tienes
con escamas y vísceras, la plata con la sangre
en la balanza.

Cuidado con las aves!
No toques esas plumas
que anhelaron el vuelo,
el vuelo
que tú también, tu propio
pequeño corazón se proponía.
Ahora son sagradas:

pertenecen
al polvo de la muerte y al dinero:
en esa dura paz ferruginosa
se encontrarán de nuevo con tu vida
alguna vez pero no vendrá nadie
a verte muerto, a pesar de tus virtudes,
no pondrán atención en tu esqueleto.

Atención al color de las naranjas,
al esencial aroma de la menta,
a la pobre patata en su envoltorio,
atención
a la verde
lechuga presurosa,
al afilado ají con su venganza,
a la testicularia berenjena,
al rábano escarlata, pero frío,
al apio que en la música se enrosca.

Cuidado con el queso!
No vino aquí sólo para venderse:
vino a mostrar el don de su materia,
su inocencia compacta,
el espesor materno
de su geología.

Cuidado cuando llegan las castañas,
enmaderadas lunas del estuche
que fabricó el otoño a la castaña,
a la flor de la harina que aprisiona
en cofres de caoba invulnerable.

Atención al cuchillo de Mercado
que no es el mismo de la ferretería:
antes estaba ahogado
como el pez, detenido en su paquete,
en la centena de igualdad tremenda:
aquí en la feria brilla y canta y corta,
vive otra vez en la salud del agua.

Pero si los frejoles
fueron bruñidos por la madre suave
y la naturaleza
los suavizó como a uñas de sus dedos,
luego los desgranó y a la abundancia
le dio multiplicada identidad.

Porque si las gallinas
de mano a mano cruzan y aletean
no es sólo cruel la petición humana
que en el degüello afirmará su ley,
también en los cepillos espinosos
se agruparán las zarzas vengativas
y como espinas picarán los clavos
buscando a quien pudieran coronar
con martirio execrable y religioso.

Pero ríe el tomate a todo labio.
Se abunda, se desmaya la delicia
de su carne gozosa
y la luz vertical entra a puñales
en la desnuda prole tomatera,
mientras la palidez de las manzanas
compite con el río de la aurora
de donde sale el día a su galope,
a su guerra, a su amor, a sus cucharas.

No olvido los embudos,
ellos son el olvido del guerrero,
son los cascos del vino,
siempre beligerante, ronco y rojo,
nunca por enemigos desarmado,
sin que olvide jamás el primer paso
que diera descendiendo
la pequeña montaña del embudo.
Aún recuerda el corazón purpúreo
el vino que baja del tonel
como desde un volcán el suave fuego.

El Mercado, en la calle,
en el Valparaíso serpentino,
se desarrolla como un cuerpo verde
que corre un solo día, resplandece,
y se traga la noche
el vegetal relámpago
de las mercaderías,
la torpe y limpia ropa
de los trabajadores,
los intrincados puestos
de incomprensibles hierros:
todo a la luz de un día:
todo en la rapidez desarrollado,
desgranado, vendido, transmitido
y desaparecido como el humo.

Parecían eternos los repollos,
sentados en el ruedo de su espuma
y las peludas balas
de las indecorosas zanahorias
defendían tal vez el absoluto.

Vino una vieja, un hombre pequeñito,
una muchacha loca con un perro,
un mecánico de la refinería,
la textil Micaela, Juan Ramírez,
y con innumerables Rafaeles,
con Marías y Pedros y Matildes,
con Franciscos, Armandos y Rosarios,
Ramones, Belarminos,
con los brazos del mar y con las olas,
con la crepitación, con el estímulo
y con el hambre de Valparaíso
no quedaron repollos ni merluzas:
todo se fue, se lo llevó el gentío,
todo fue boca a boca descendido
como si un gran tonel se derramara
y cayó en la garganta de la vida
a convertirse en sueño y movimiento.

Termino aquí, Mercado. Hasta mañana.
Me llevo esta lechuga.

La memoria

Tengo que acordarme de todos,
recoger las briznas, los hilos
del acontecer harapiento
y metro a metro las moradas,
los largos caminos del tren,
la superficie del dolor.

Si se me extravía un rosal
y confundo noche con liebre
o bien se me desmoronó
todo un muro de la memoria:
tengo que hacer de nuevo el aire,
el vapor, la tierra, las hojas,
el pelo y también los ladrillos,
las espinas que me clavaron,
la velocidad de la fuga.

Tengan piedad para el poeta.

Siempre olvidé con avidez
y en aquellas manos que tuve
sólo cabían inasibles
cosas que no se tocaban,
que se podían comparar
sólo cuando ya no existían.

Era el humo como un aroma,
era el aroma como el humo,
la piel de un cuerpo que dormía
y que despertó con mis besos,

pero no me pidan la fecha
ni el nombre de lo que soñé,
ni puedo medir el camino
que tal vez no tiene país
o aquella verdad que cambió
que tal vez se apagó de día
y fue luego luz errante
como en la noche una luciérnaga.

El largo día jueves

Apenas desperté reconocí
el día, era el de ayer,
era el día de ayer con otro nombre,
era un amigo que creí perdido
y que volvía para sorprenderme.

Jueves, le dije, espérame,
voy a vestirme y andaremos juntos
hasta que tú te caigas en la noche.
Tú morirás, yo seguiré
despierto, acostumbrado
a las satisfacciones de la sombra.

Las cosas ocurrieron de otro modo
que contaré con íntimos detalles.

Tardé en llenarme de jabón el rostro
—qué deliciosa espuma
en mis mejillas—,
sentí como si el mar me regalara
blancura sucesiva,
mi cara fue sólo un islote oscuro
rodeado por ribetes de jabón
y cuando en el combate

de las pequeñas olas y lamidos
del tierno hisopo y la afilada hoja
fui torpe y de inmediato,
malherido,
malgasté las toallas
con gotas de mi sangre,
busqué alumbre, algodón, yodo, farmacias
completas que corrieron a mi auxilio:
sólo acudió mi rostro en el espejo,
mi cara mal lavada y mal herida.

El baño
me incitaba
con prenatal calor a sumergirme
y acurruqué mi cuerpo en la pereza.

Aquella cavidad intrauterina
me dejó agazapado
esperando nacer, inmóvil, líquido,
substancia temblorosa
que participa de la inexistencia
y demoré en moverme
horas enteras,
estirando las piernas con delicia
bajo la submarina caloría.

Cuánto tiempo en frotarme y en secarme,
cuánto una media después de otra media
y medio pantalón y otra mitad,
tan largo trecho me ocupó un zapato
que cuando en dolorosa incertidumbre
escogí la corbata, y ya partía
de exploración, buscando mi sombrero,
comprendí que era demasiado tarde:
la noche había llegado
y comencé de nuevo a desnudarme,
prenda por prenda, a entrar entre las sábanas,
hasta que pronto me quedé dormido.

Cuando pasó la noche y por la puerta
entró otra vez el jueves anterior
correctamente transformado en viernes
lo saludé con risa sospechosa,
con desconfianza por su identidad.
Espérame, le dije, manteniendo
puertas, ventanas plenamente abiertas,
y comencé de nuevo mi tarea
de espuma de jabón hasta sombrero,
pero mi vano esfuerzo
se encontró con la noche que llegaba
exactamente cuando yo salía.
Y volví a desvestirme con esmero.

Mientras tanto esperando en la oficina
los repugnantes expedientes, los
números que volaban al papel
como mínimas aves migratorias
unidas en despliegue amenazante.
Me pareció que todo se juntaba
para esperarme por primera vez:
el nuevo amor que, recién descubierto,
bajo un árbol del parque me incitaba
a continuar en mí la primavera.

Y mi alimentación fue descuidada
días tras día, empeñado en ponerme
uno tras otro mis aditamentos,
en lavarme y vestirme cada día.
Era una insostenible situación:
cada vez un problema la camisa,
más hostiles las ropas interiores
y más interminable la chaqueta.

Hasta que poco a poco me morí
de inanición, de no acertar, de nada,
de estar entre aquel día que volvía
y la noche esperando como viuda.

Ya cuando me morí todo cambió.

Bien vestido, con perla en la corbata,
y ya exquisitamente rasurado
quise salir, pero no había calle,
no había nadie en la calle que no había,
y por lo tanto nadie me esperaba,

y el jueves duraría todo el año.

Los platos en la mesa

LOS
ANIMALES
COMEN CON
HERMOSURA

Antes vi el animal y su alimento.
Al leopardo orgulloso
de sus ligeros pies, de su carrera,
vi desencadenarse
su estática hermosura
y partir en un rayo de oro y humo
el carro hexagonal de sus lunares:
caer sobre la presa
y devorar
como devora el fuego,
sin más, sin insistir,
volviendo entonces
limpio y erecto y puro
al ámbito del agua y de las hojas,
al laberinto del aroma verde.
Vi pastar a las bestias matutinas
suaves como la brisa sobre el trébol
comer bajo la música
del río
levantando a la luz
la coronada
cabeza aderezada de rocío,
y al conejo cortar la limpia hierba

con delicado, infatigable hocico,
blanco y negro, dorado o arenoso,
lineal como la estampa vibradora
de la limpieza sobre el pasto verde
y vi al gran elefante
oler y recoger en su trompeta
el cogollo secreto
y comprendí, cuando los pabellones
de sus bellas orejas
se sacudían de placer sensible,
que con los vegetales comulgaba
y que la bestia pura recogía
lo que la tierra pura le guardaba.

NO ASÍ LOS   Pero no así se conducía el hombre.
HOMBRES   Vi su establecimiento, su cocina,
su comedor de nave,
su restaurante de club o de suburbio,
y tomé parte en su desordenada
pasión de cada hora de su vida.
Empuñó el tenedor, saltó el vinagre
sobre la grasa, se manchó los dedos
en las costillas frescas del venado,
mezcló los huevos con horribles jugos,
devoró crudas bestias submarinas
que temblaban de vida entre sus dientes,
persiguió al ave de plumaje rojo,
hirió al pez ondulante en su destino,
ensartó en hierro el hígado
del tímido cordero,
machacó sesos, lenguas y testículos,
se enredó entre millones de spaghetti,
entre liebres sangrientas e intestinos.

MATAN UN   Mi infancia llora aún. Los claros días
CERDO EN MI   de la interrogación fueron manchados
INFANCIA   por la sangre morada de los cerdos,
por el aullido vertical que crece
aún en la distancia aterradora.

MATAN Y en Ceylán vi cortar peces azules,
LOS PECES peces de puro ámbar amarillo,
peces de luz violeta y piel fosfórica,
vi venderlos cortándolos vivientes
y cada trozo vivo sacudía
aún en las manos su tesoro regio,
latiendo, desangrándose en el filo
del pálido cuchillo mercenario
como si aún quisiera en la agonía
derramar fuego líquido y rubíes.

La bondad escondida

Qué bueno es todo el mundo!
Qué bueno es Juan, Silverio,
Pedro! Qué buena es Rosa!
Qué bueno es Nicolás! Qué bueno es Jorge!
Qué buenos son don Luis y doña Luisa!
Cuántos buenos recuerdo!
Si son como un granero
o bien me tocó sólo el grano bueno.
Pero, no puede ser, andando tanto
como yo anduve, y no encontrar ninguno,
ni hombre, ni viejo, ni mujer, ni joven:
todos eran así, por fuera duros
o por fuera dulces,
pero por dentro yo podía verlos,
se abrían para mí como sandías
y eran la pulpa pura, fruta pura,
sólo que muchas veces
no tenían ni puerta ni ventana:
entonces, cómo verlos? Cómo
probarlos y cómo comerlos?
La verdad es que el mal es el secreto.

Dentro del túnel no hubo primavera
y las ratas cayeron en el pozo.

No fue la misma el agua desde entonces.

Yo tal vez conversé con Amadeo
después del crimen, no recuerdo,
cuando ya su cabeza
valía ya menos que nada
y encontré que su crimen no alteró para mí
la bondad que amarró y que no entregó:
su avaricia de bueno lo hizo malo.

Y apenas se desvió su circunstancia
todos vieron lo malo que traía
cuando lo único que pudo dar
lo dio una sola vez y se quedó
como era, sin maldad, pero maldito.
Cuando entregó su oscuridad el pobre
era tardío ya el entendimiento,
la claridad se convirtió en desdicha.

Yo tuve casi al lado de mi vida
el odio, un enemigo confesado,
el señor K., poeta tartamudo,
y no era malo sino que sufría
por no poder cantar sin condiciones:
arder como lo sabe hacer el fuego,
enmudecer como los minerales.
Todo esto era imposible
para él que se empinaba y se alababa,
se reclamaba con saltos mortales,
con tribu y con tambor frente a la puerta
y como el que pasaba nunca supo
lo grande que era, se quedaba solo
insultando al honrado transeúnte
que siguió caminando a la oficina.

Hay mucho que arreglar en este mundo
para probar que todos somos buenos
sin que haya que esforzarse: no podemos
convertir la bondad en pugilato.
Así se quedarían despobladas
las ciudades, en donde
cada ventana oculta con cuidado
los ojos que nos buscan y no vemos.

Esto se refiere a lo que aceptamos sin quererlo

Ay qué ganas de no
de no no no
cuánta vida
pasamos
o perdimos
sí sí
sí sí
sí sí
íbamos barro abajo aquella vez
y cuando nos caímos de la estrella
aún más, entre búfalos
que crepitaban,
ardiendo de cornúpetos,
o sólo entonces cuando no podíamos
ir más allá ni más acá, el momento
de las imprecisiones que corroen
con lento paso de ácido,
en fin, en todas partes,
no queríamos
y allí quedamos vivos pero muertos.
Porque siempre se trata
de que no sufra Pedro ni su abuela
y con esta medida
nos midieron

toda la vida
desde los ojos hasta los talones
y con esta razón
dictaminaron
y luego ya sin el menor respeto
nos dijeron qué vísceras
debíamos
sacrificar,
qué huesos,
qué dientes y qué venas
suprimirían ellos noblemente
de nuestros abrumados esqueletos.
Y así pasó aquel jueves
cuando entre los peñascos
no teníamos pies y luego cuando
no teníamos lengua,
la habíamos gastado sin saberlo,
decíamos que sí sin saber cómo
y entre síes y síes
nos quedamos sin vida entre los vivos
y todos nos miraban y nos creían muertos.
Nosotros no sabíamos
qué podía pasar porque los otros
parecían de acuerdo en estar vivos
y nosotros allí
sin poder nunca
decir que no que no
que tal vez no que nunca
no que siempre
no no
no no
no no.

Las comunicaciones

Muerte a los subterráneos! decreté.

Hasta cuándo engañarse con la cara cerrada
y ojos hacia no ver, hacia dormir.
No es necesario nada sino ser
y ser es a la luz, ser es ser visto
y ver, ser es tocar y descubrir.

Abajo todo el que no tiene flor!

De nada sirven sólo las raíces!

No hay que vivir royendo
la piedra submarina
ni el cristal
ahogado
de la noche:
hay que crecer y levantar bandera,
hacer fuego en la isla
y que conteste
el dormido navegante,
que despierte
y responda
a la súbita hoguera
que allí nació en la costa hasta ahora oscura:
nació del patrimonio luminoso,
de comunicación a fundamento,
hasta que no hay oscuridad, y somos:
somos con otros hombres y mujeres:
a plena luz amamos,
a pleno amor nos ven y eso nos gusta:
sin silencio es la vida verdadera.

Sólo la muerte se quedó callada.

La verdad

Os amo, idealismo y realismo,
como agua y piedra
sois
partes del mundo,
luz y raíz del árbol de la vida.

No me cierren los ojos
aun después de muerto,
los necesitaré aún para aprender,
para mirar y comprender mi muerte.

Necesito mi boca
para cantar después, cuando no exista.
Y mi alma y mis manos y mi cuerpo
para seguirte amando, amada mía.

Sé que no puede ser, pero esto quise.

Amo lo que no tiene sino sueños.

Tengo un jardín de flores que no existen.

Soy decididamente triangular.

Aún echo de menos mis orejas,
pero las enrollé para dejarlas
en un puerto fluvial del interior
de la República de Malagueta.

No puedo más con la razón al hombro.

Quiero inventar el mar de cada día.

Vino una vez a verme
un gran pintor que pintaba soldados.
Todos eran heroicos y el buen hombre
los pintaba en el campo de batalla
muriéndose de gusto.

También pintaba vacas realistas
y eran tan extremadamente vacas
que uno se iba poniendo melancólico
y dispuesto a rumiar eternamente.

Execración y horror! Leí novelas
interminablemente bondadosas
y tantos versos sobre
el Primero de Mayo
que ahora escribo sólo sobre el 2 de ese mes.

Parece ser que el hombre
atropella el paisaje
y ya la carretera que antes tenía cielo
ahora nos agobia
con su empecinamiento comercial.

Así suele pasar con la belleza
como si no quisiéramos comprarla
y la empaquetan a su gusto y modo.

Hay que dejar que baile la belleza
con los galanes más inaceptables,
entre el día y la noche:
no la obliguemos a tomar la píldora
de la verdad como una medicina.

_Y lo real? También, sin duda alguna,
pero que nos aumente,
que nos alargue, que nos haga fríos,
que nos redacte
tanto el orden del pan como el del alma._

A susurrar! ordeno
al bosque puro,
a que diga en secreto su secreto
y a la verdad: No te detengas tanto
que te endurezcas hasta la mentira.

No soy rector de nada, no dirijo,
y por eso atesoro
las equivocaciones de mi canto.

El futuro es espacio

El futuro es espacio,
espacio color de tierra,
color de nube,
color de agua, de aire,
espacio negro para muchos sueños,
espacio blanco para toda la nieve,
para toda la música.

Atrás quedó el amor desesperado
que no tenía sitio para un beso,
hay lugar para todos en el bosque,
en la calle, en la casa,
hay sitio subterráneo y submarino,
qué placer es hallar por fin,
                              subiendo
un planeta vacío,
grandes estrellas claras como el vodka
tan transparentes y deshabitadas,
y allí llegar con el primer teléfono
para que hablen más tarde tantos hombres
de sus enfermedades.

Lo importante es apenas divisarse,
gritar desde una dura cordillera
y ver en la otra punta
los pies de una mujer recién llegada.

Adelante, salgamos
del río sofocante
en que con otros peces navegamos
desde el alba a la noche migratoria
y ahora en este espacio descubierto
volemos a la pura soledad.

Notas

HERNÁN LOYOLA

Índice
de primeros versos

Abreviaturas

Referencias bibliográficas

Concha 1972   Jaime Concha, *Neruda (1904-1936)*, Santiago, Universitaria, 1972.

Loyola 1987   Hernán Loyola, «Introducción, notas y apéndices» a Pablo Neruda, *Residencia en la tierra*, Madrid, Cátedra, 1987.

Reyes   Bernardo Reyes, *Retrato de familia. Neruda (1904- 1920)*, San Juan, Editorial de la Universidad de Puerto Rico, 1996.

Sáez   Fernando Sáez, *Todo debe ser demasiado. Vida de Delia del Carril, la Hormiga*, Santiago, Sudamericana, 1997.

Teitelboim   Volodia Teitelboim, *Neruda*, 5.ª edición, Santiago, ediciones BAT, 1992.

Memorial de Isla Negra

Composición

Libro escrito entre 1962 y 1964, programáticamente pensado por Neruda como celebración y regalo de sus 60 años. No hizo misterio de esto. El último de los cinco volúmenes se terminó de imprimir justo el 12 de julio de 1964. Títulos: *I. Donde nace la lluvia*; *II. La luna en el laberinto*; *III. El fuego cruel*; *IV. El cazador de raíces*; *V. Sonata crítica*. Del primer volumen hay una importante y bellísima edición anterior: *Sumario. Libro donde nace la lluvia* (1963), impresa en Alpignano por Alberto Tallone. *Sumario* fue seguramente el título originario del proyecto de libro.

El vínculo con el cumpleaños del autor sugeriría la persistencia, exacerbada, del ánimo de apoteosis con que Neruda había impostado las figuras del Yo Soy (*CGN,* * 1950) y del Capitán (*VCP*, 1952). No fue así. El espíritu de escritura del *Memorial* se asemejó más bien al que había determinado la publicación de *Veinte poemas de amor y una canción desesperada* en fecha muy próxima (junio) al 20° cumpleaños del poeta (12 de julio de 1924). Ambos libros respondieron, en efecto, a esfuerzos de salvación y refundación del Sujeto tras importantes derrotas. En un caso la derrota del Hondero y de sus ciclópeas ambiciones, en el otro la derrota del Capitán y de sus ilusiones utópicas en el marco mundial de la modernidad del siglo XX. Desde esta óptica, el significado del *Memorial* fue más bien el de cerrar (con *La barcarola*, 1967) el proceso de rescate desencadenado «carnavalescamente» por *Estravagario* en 1958.

Dos grandes líneas temáticas guiaron –en modo sucesivo– la escritura de *Memorial*: (1) la evocación autobiográfica, dominante en los dos primeros volúmenes y decreciente a partir del tercero; (2) la reflexión crítica en ámbitos personal, poético, ideológico-político: escasa en los primeros volúmenes, crecerá hasta dominar en los dos últimos. Estas curvas temáticas jalonaron el proceso de escritura de la obra con resultado especularmente simétrico: tanto la memoria autobiográfica como la reflexión crítica crecen hacia los extremos a partir del volumen tercero. Esta progresiva configuración dual explicaría por

* Véase «Abreviaturas», p. 208.

qué Neruda abandonó por el camino el título *Sumario* (vertical y cronológico) y acabó prefiriendo el término *Memorial*, acaso más apto a englobar, unitariamente, sea el registro vertical de los recuerdos que el registro horizontal de las cavilaciones y desahogos del Sujeto.

Importa diferenciar la (posmoderna) dimensión autobiográfica de *Memorial* –coronación más o menos sistemática de la tentativa dispersa que en tal dirección iniciaron algunos textos de *TLO* y de *ETV* (1957-1958) y que prosiguió en los libros sucesivos– de la (moderna) representación del pasado del Sujeto en *Canto general*.

En particular durante el ciclo 1946-1956 los recuerdos fueron evocados como hitos o etapas, más o menos alienadas, del itinerario que a través de pruebas y extravíos condujo al héroe nerudiano hasta la cristalización de su plena y triunfante identidad final: ese YO SOY que Neruda proyectó a las figuras del Capitán y del Hombre Invisible. La dimensión autobiográfica cumplía así dos tipos de funciones: en el Sujeto, funciones de totalización o integración respecto a las figuras provisorias del pasado; en la Obra, en cambio, funciones de ruptura: «la sombra que indagué ya no me pertenece», «el mundo ha cambiado y mi poesía ha cambiado» (no olvidar que Neruda llegó al extremo, en 1949, de renegar de hecho su *Residencia en la tierra* –nada menos– al negarse a incluir poemas del libro en una antología húngara).

A partir de 1957 (*TLO*) la dimensión autobiográfica cumplió en la escritura de Neruda funciones respectivamente opuestas: en el Sujeto, funciones de ruptura o fragmentación: asunción de la multiplicidad del propio Yo, sea en clave horizontal («Muchos somos»), sea en clave vertical («Las vidas del poeta»); en la Obra, funciones de totalización e integración: el Sujeto se reconocía en cada uno de los muchos libros en que cada una de sus muchas vidas se había proyectado poéticamente. (Al respecto, cfr. Alain Sicard, «Neruda ou la question sans réponse», *La Quinzaine Littéraire*, núm. 129, París, 30.11.1971.)

De ahí que el camino hacia *Memorial* fue marcado por la creciente sistematización de los «retazos de la memoria», inicialmente dispersos en los libros de 1957-1959 («Oda a la caja de té», «Oda a la pantera negra», «Dónde estará la Guillermina?», «Regreso a una ciudad», «Itinerarios», «Escrito en el tren cerca de Cautín, en 1958», «Oda al violín de California»). Un pequeño *sumario* inauguró la voluntad de sistematización en un lugar inesperado: el poema «Escrito en el año 2000», al cierre de *Canción de gesta* (1960). Esa voluntad se hizo evidente en 1962 (de enero a junio) con la publicación de las famosas diez crónicas autobiográficas en la revista

O Cruzeiro Internacional, Río de Janeiro. Y culminó con *Memorial* en 1964 y con *La barcarola* en 1967.

Liberados del hilo heroico del Yo Soy, los recuerdos interesaban ahora por sí mismos. El nuevo Sujeto nerudiano renunció así a perseguir la meta del autorretrato definitivo y comenzó a recuperar los intersticios de la memoria, es decir, los episodios que el Sujeto del ciclo 1946-1956 había desechado por no significativos o ajenos a su propósito (la conquista del Yo Soy). En particular los relativos a experiencias eróticas, puesto que a partir de los textos de 1937 el Sujeto devino más bien puritano en un sentido que fue característico de una cierta línea procomunista dentro del arte de la modernidad del siglo xx (ver en *Memorial*: «El sexo» y todos los poemas de la serie «Amores»). Y también los relativos a contactos del poeta con dimensiones irracionales o misteriosas, a comenzar por los cuentos del tío Genaro en «Las supersticiones». En *Memorial* los aletazos del misterio asumieron modulaciones alegóricas para enfrentar oblicuamente los conflictos existenciales (sentimentales, políticos) o las «melancolías de invierno»: así el enigmático texto «El héroe», el bellísimo «De pronto una balada», el desolado «Patagonias» y el sugestivo «Cita de invierno», todos del volumen IV.

La línea de la reflexión crítica coincidió con el retorno del Sujeto a su condición *natural*, con implícito rechazo de su anterior condición *historizada* (ver, por ejemplo, «Para la envidia»). La reducción a una identidad fundada sólo en valores naturales hizo evidente la ausencia de los espacios, figuras y valores conexos al mundo socialista que el libro *Las uvas y el viento*, sólo diez años antes, había propuesto como el espacio de la moderna utopía en construcción. En contradicción sólo aparente con lo anterior, el importante poema «El episodio» (p. 175) reafirmó con energía la adhesión del Sujeto a la causa comunista por encima de quienes –bien o mal– la representasen circunstancialmente. También la óptica política del Sujeto había cambiado en clave posmoderna (con pérdida del predominio de motivaciones histórico-racionales). Con sentido afín, el poema «La verdad» reaceptó las contradicciones como ingredientes constitutivos, sea de la realidad que de su representación artística.

Ediciones

(1) *Sumario. Libro donde nace la lluvia,* Alpignano (Torino, Italia), Alberto Tallone impresor, 1963, 122 pp. Tirada: 235 + 50 ejempla-

res. Esta edición va encabezada por un prefacio que la edición definitiva y completa no recogerá.

Prefacio del autor

Es éste el primer paso atrás hacia mi propia distancia, hacia mi infancia. Es el primer volver en la selva hacia la fuente de la vida. Ya se olvidó el camino, no dejamos huellas para regresar y si temblaron las hojas cuando pasamos entonces, ahora ya no tiemblan ni silba el rayo agorero que cayó a destruirnos.

Andar hacia el recuerdo cuando éste se hizo humo es navegar en el humo. Y mi infancia vista en el año 1962, desde Valparaíso, después de haber andado tanto, es sólo lluvia y humareda. Vayan por ella los que me amen: su única llave es el amor.

Es claro que estas ráfagas desordenadas nacidas al pie volcánico de cordilleras, ríos y archipiélagos que a veces no saben su nombre todavía, llevarán adheridas la desobediente espadaña y las arrugas hostiles de mi origen. Es así el patrimonio de los americanos: nacimos y crecimos condicionados por la naturaleza que al mismo tiempo nos nutría y nos castigaba. Será difícil borrar esta lucha a muerte, cuando la luz nos golpeó con su cimitarra, la selva nos incitó para extraviarnos, la noche nos hirió con su frío estrellado. No teníamos a quien acudir. Nadie fue anterior en aquellas comarcas: nadie dejó para ayudarnos algún edificio sobre el territorio ni olvidó sus huesos en cementerios que sólo después existieron, fueron nuestros los primeros muertos. Lo bueno es que pudimos soñar en el aire libre que nadie había respirado. Y así fueron nuestros sueños los primeros de la tierra.

Ahora este ramo de sombra antártica debe ordenarse en la bella tipografía y entregar su aspereza a Tallone, rector de la suprema claridad, la del entendimiento.

Nunca pensé, en las soledades que me originaron, alcanzar tal honor y entrego estas parciales páginas a la rectitud del gran impresor como cuando en mi infancia descubrí y abrí un panal silvestre en la montaña. Supe entonces que la miel salvaje que aromaba y volaba en el árbol atormentado fue alojada en células lineales, y así la secreta dulzura fue preservada y revelada por una frágil y firme geometría.

Valparaíso, 1962.

(2) *Memorial de Isla Negra. I. Donde nace la lluvia*, Buenos Aires, Losada, 1964 (junio 2), 107 pp.

Memorial de Isla Negra. II. La luna en el laberinto, Buenos Aires, Losada, 1964 (junio 12), 125 pp. Este volumen, por inadvertencia, incluyó los poemas «Adioses» y «La Noche en Isla Negra» ya publicados en *Plenos poderes*. Las sucesivas ediciones de *Obras completas* (1968, 1973) eliminaron esta duplicación.

Memorial de Isla Negra. III. El fuego cruel, Buenos Aires, Losada, 1964 (junio 25), 127 pp.

Memorial de Isla Negra. IV. El cazador de raíces, Buenos Aires, Losada, 1964 (julio 2). 117 pp.

Memorial de Isla Negra. V. Sonata crítica, Buenos Aires, Losada, 1964 (julio 12), 135 pp. Este volumen termina con un fragmento del poema «Amores: Matilde», posteriormente eliminado aquí (ver OC 1973) para devenir el poema inicial de *La barcarola* (1967).

(3) *Memorial de Isla Negra*, Buenos Aires, Losada, 1972, BCC, núm. 381. Reediciones: 1978, 1991. Edición en un volumen.

(4) *Memorial de Isla Negra*, Barcelona, Seix Barral, 1976.

(5) *Memorial de Isla Negra*, Bogotá, La Oveja Negra, 1982. Reedición: 1988.

(6) *Memorial de Isla Negra*, Barcelona, Planeta, 1990.

(7) *Memorial de Isla Negra*, prólogo de Giuseppe Bellini, Madrid, Visor, 1994, colección Visor de Poesía, núm. 324.

Apartados

(1) *El padre*, Santiago, Imprenta de los Ferrocarriles del Estado, 1962. Tarjetón plegado, con nota final del autor (facsímil del manuscrito): «En recuerdo de mi padre, ferroviario de corazón, les dedico a ustedes este poema inédito. Pablo Neruda. 1962».

(2) *Arte magnética*, Buenos Aires, Imprenta Anzilotti, 1963, dibujo de Libero Badii.

Los textos: algunas observaciones

I. *Donde nace la lluvia*

NACIMIENTO. (Páginas 17-19.) Hacia 1962 Neruda no había visto aún la fotografía de su madre, la única conservada, que sólo algunos años más tarde llegó a sus manos (reproducida en varios lugares, por ejemplo en Reyes,* p. 37). José del Carmen Reyes Morales, 32 años, y Rosa Neftalí Basoalto Opazo, 38 años, contrajeron matrimonio un

* Véase «Refencias bibliográficas», p. 209.

día del otoño de 1903 en Parral. De esa unión nació allí Ricardo Eliecer Neftalí Reyes Basoalto el 12 de julio de 1904. Dos meses después, el 14 de septiembre de 1904, murió doña Rosa Neftalí. Desde la casa de calle San Diego, en el centro de Parral, don José del Carmen se trasladó con su hijo hasta el paterno fundo Belén, poco distante del poblado, donde la madrastra Encarnación Parada se hizo cargo del niño y le procuró una nodriza de nombre María Luisa Leiva, seguramente una joven y robusta campesina del lugar. Cfr. Reyes, pp. 36-39.

PRIMER VIAJE. (Páginas 19-20.) En 1906 o 1907, don José del Carmen sacó a su hijo del fundo Belén para llevarlo en tren hasta Temuco, donde recién había contraído matrimonio (con Trinidad Candia) y había fijado su residencia. «Temuco pertenece, a fines del siglo XIX y a comienzos del XX, a una de las zonas más progresistas del país. Entre un norte económicamente desnacionalizado por la entrega del salitre al capital inglés y el extremo austral enajenado a la soberanía chilena durante el gobierno de Santa María, Temuco se yergue en medio de una región donde la energía nacional se concentra con mayor tenacidad. Se trata, en realidad, del proceso general que incorporó a la vida unitaria del país a todo el sur de Chile, desde el Bío Bío hasta la provincia de Llanquihue. Este proceso comienza a mediados del siglo pasado con la colonización alemana de Valdivia y las provincias vecinas, hecho que podemos conocer vívidamente a través de las páginas clásicas de *Recuerdos del pasado*, de [Vicente] Pérez Rosales. Este primer factor de vitalización demográfica y económica es seguido muy pronto, con métodos completamente opuestos, por la larga y azarosa penetración en la Araucanía. Esta acción comienza oficialmente en 1859 –con el Decreto Supremo del 17 de septiembre de ese año–, sigue en 1868 con las leyes dictadas para inmovilizar a los araucanos en "reducciones", continúa con las cruentas campañas militares dirigidas por Cornelio Saavedra y Gregorio Urrutia, culmina en 1882 con la fundación de Temuco y en 1887 con la creación de las nuevas provincias de Malleco y Cautín, prosiguiéndose todavía a través de un accidentado proceso de colonización que durará hasta bien entrado el siglo actual» (Concha 1972, pp. 40-41).

LA MAMADRE. (Páginas 20-21.) El raro apellido *Marverde* me parecía una invención «literaria» de Neruda conexa a este poema, como el término *mamadre*. Neruda mismo me dijo de paso alguna vez, si la memoria no me engaña, que el apellido podía ser Valverde. Pero Bernardo Reyes, desde Temuco, me certifica haber verificado personalmente que la partida de defunción de doña Trinidad

(1938) la declaraba hija de Ramón Candia y de Nazaria Marverde. De todos modos el texto trae sólo *Trinidad Marverde* y olvida el paterno *Candia*, que al oído del poeta sonaba sin duda menos apto a sus propósitos de refundación del Sujeto (esto es, de la figura ficticia que lo representaba en su propia escritura).

Más de diez años antes de su matrimonio y de la llegada a Temuco del pequeño Neftalí, doña Trinidad había tenido una relación clandestina y pasajera con su (después) marido José del Carmen en casa de Micaela Candia, su hermana mayor y mujer de Carlos Mason, amigo y compadre de José del Carmen desde Parral. De esa relación había nacido en 1895 Rodolfo Reyes Candia, el hermano mayor de Neruda, que para no propiciar habladurías fue criado en Coipúe, lejos de su madre, por una señora de nombre Ester. Rodolfo creció feliz y descalzo en Coipúe hasta que su padre decidió reportarlo a Temuco más o menos en coincidencia con la llegada de Neftalí. Algunos años después don José del Carmen reportó además a Temuco, desde San Rosendo, un tercer hijo, Laura, nacida también ella (2.8.1907) de una relación clandestina (con Aurelia Tolrá en Talcahuano). De modo que hacia fines de 1909 doña Trinidad se encontró de pronto funcionando como madre de tres niños, de los cuales el mayor (14 años), que de los tres era el único hijo de ambos cónyuges Reyes-Candia, fue el más infeliz porque su padre lo arrancó del paraíso de libertad y afectos en que había crecido (para traerlo a su arbitrario reino) y porque su madre biológica, que de hecho no lo conocía pues su marido le había prohibido viajar a Coipúe, no supo compensarlo de la pérdida emocional y afectiva que padeció cuando lo alejaron de doña Ester. Tampoco Laura pudo nunca reponerse completamente del trauma de abandono y desarraigo que le impusieron al separarla de su madre Aurelia. El pequeño Neftalí fue quizás el único de los tres niños que resultó de veras beneficiado con el programa de desplazamientos que para ellos decidió el padre. Porque para doña Trinidad fue más hijo que su propio hijo carnal. De ello queda el testimonio del poeta Juvencio Valle (ver *Aurora*, núm. 3-4, Santiago, julio-diciembre 1964, p. 248). Fuente: Reyes, cap. I.

EL PADRE. (Páginas 22-23.) Como su hijo Neftalí, don José del Carmen Reyes había perdido a su madre (Natalia Morales) al nacer. Personaje decisivo en su vida fue Carlos Mason Reinike, de origen norteamericano, quien fue su amigo en Parral y más tarde, al instalarse en Temuco, le consiguió trabajo en el ferrocarril y participación en sus propios negocios, y por otra parte le aconsejó contraer

matrimonio con Trinidad, su amante de diez años atrás en la cual
había engendrado a Rodolfo. En suma, le creó las condiciones para
que también él se trasladara a vivir en Temuco. «Luego de algunos
años [don José del Carmen] definitivamente ascendió a conductor
de tren lastrero, cargo que le venía bien por su garbo y su don de
mando. En este tren empezó a recorrer los nuevos ramales que iban
bifurcándose de la línea central norte-sur llevando ripio o gravilla
para el sostenimiento y mantención de los durmientes, debilitados
por las lluvias o por los deshielos que aumentaban el curso de los
ríos» (Reyes, p. 41). Neruda heredó de su padre el sentido de la so-
cialidad y de la amistad. «El hombre duro era cordial, amante de la
mesa poblada de amigos. Allí triunfaba la fraternidad. Chocaban en
los brindis los vasos gruesos donde brillaba el vino. Se cuenta que,
cuando no tenía alguien con quien compartir el almuerzo o la comi-
da, solía pararse en la puerta de su casa e invitaba al primero que
pasaba para conversar el pan y el trago. Su hijo heredó esta cos-
tumbre de su padre, que venía, tal vez, de generaciones ancestrales.
No concebía las mesas solas» (Teitelboim, p. 28).

EL PRIMER MAR. (Páginas 24-25.) Neruda recordó en sus memo-
rias, con muchos detalles, este primer viaje al mar (*CHV*, pp. 24 y
ss.). Otro relato, también minucioso, en Reyes, pp. 60-61. En este
poema de 1962 Neruda evocó por primera vez aquel camino hacia
el mar como una imagen del primer reconocimiento de su propia
individualidad creadora. Hasta entonces todo había sido inseguri-
dad en sus tanteos. Desde un confuso extravío y desde la insatis-
facción de quien aún no sabía qué hacer con sus potencias, el mu-
chacho avanzaba (en la proa, expectante) hacia la revelación del
destino personal. El carácter nutricio y acumulativo de la expe-
riencia del bosque (espacio femenino, materno) descubría su sig-
nificado a través del carácter desencadenante, dinamizador y acti-
vo de la experiencia del océano (espacio masculino, paterno).
Iluminado por la distancia, aquel viaje al mar fue evocado por este
poema como una progresión espiritual, como ruptura del claustro
materno del bosque hacia la asunción y expansión del yo indivi-
dual. «Cuando estuve por primera vez frente al océano quedé so-
brecogido. Allí entre dos grandes cerros (el Huilque y el Maule) se
desarrollaba la furia del gran mar. No sólo eran las inmensas olas
nevadas que se levantaban a muchos metros sobre nuestras cabe-
zas, sino un estruendo de corazón colosal, la palpitación del uni-
verso» (*CHV*, p. 27).

LA TIERRA AUSTRAL. (Página 25-27.) Todos los esfuerzos de don
José del Carmen para alejar a su hijo Neftalí de la poesía surtieron

el efecto opuesto. Entre otras medidas, con frecuencia lo hizo madrugar –tiritando de frío y sueño– y subir al tren lastrero que partía para sus incursiones de trabajo en los bosques de Boroa y Toltén. Pero ello sólo sirvió para que el pequeño Neftalí, hundiendo los pies en el humus, en el follaje caído y acumulado por siglos, comenzara a intuir la fusión caótica de la vida y de la muerte, el misterio de la vida efímera. La oquedad y la profundidad de la selva sugieren refugio femenino, materno, centro de vida y de misterio, matriz de silencio. El simbolismo tradicional del árbol y de la madera los hace partícipes de la ciencia y de la sabiduría. Por eso el extravío en los bosques de la Frontera fue para Neruda una escuela de formas y texturas, una iniciación telúrica y estética. Cfr. «El bosque chileno» en *CHV*, pp. 13-14.

EL SEXO. (Páginas 28-31.) Vale la pena comparar este poema con la versión en prosa del mismo episodio: véase «El joven provinciano», *OCI*, Río de Janeiro, 16.1.1962, y *CHV*, pp. 22-23.

LAS PACHECO. (Páginas 33-35.) «La casa tenía lo que me pareció un inmenso jardín desordenado, con una glorieta central menoscabada por la lluvia, glorieta de maderos blancos cubiertos por las enredaderas. Salvo mi insignificante persona, nadie entraba jamás en la sombría soledad donde crecían las yedras, las madreselvas y mi poesía. Por cierto que había en aquel jardín extraño otro objeto fascinante: era un bote grande, huérfano de un gran naufragio, que allí en el jardín yacía sin olas ni tormentas, encallado entre las amapolas.

»Porque lo extraño de aquel jardín salvaje era que por designio o por descuido había solamente amapolas. Las otras plantas se habían retirado del sombrío recinto. Las había grandes y blancas como palomas, escarlatas como gotas de sangre, moradas y negras como viudas olvidadas. Yo nunca había visto tanta inmensidad de amapolas y nunca más las he vuelto a ver. Aunque las miraba con mucho respeto, con cierto supersticioso temor que sólo ellas infunden entre todas las flores, no dejaba de cortar de cuando en cuando alguna cuyo tallo quebrado dejaba una leche áspera en mis manos y una ráfaga de perfume inhumano. Luego acariciaba y guardaba en un libro los pétalos de seda suntuosos. Eran para mí alas de grandes mariposas que no sabían volar» (*CHV*, pp. 26-27).

Sobre las Pacheco y el patio de las amapolas, véase: «Mancha en tierras de color», *Crepusculario* (en *OCGC*, vol. I, p. 146); «Aquel bote salvavidas» y «Hoy al atardecer» en *RIV*, pp. 164-166; «Imperial del Sur», *Anillos* (en *OCGC*, vol. I, pp. 240-241); «Cataclismo», VI, *Cantos ceremoniales* (en *OCGC*, vol. II, pp. 1019-1087).

II. *La luna en el laberinto*

AMORES: TERUSA (I) - (II). (Páginas 49-55.) En el extratexto: Teresa Vásquez, de Temuco y Puerto Saavedra. Ella es «Marisol», inspiradora de algunos de los *Veinte poemas de amor*. Para ella escribió Neruda los textos del llamado *Álbum Terusa 1923*, reproducido en *AUCh* (1971), pp. 45-55.

«RATÓN AGUDO». (Página 60.) El sobrenombre del amigo Raúl Fuentes Besa —alusivo a sus rasgos físicos— provenía de un popularísimo texto del Silabario Matte, el libro en que aprendieron a leer muchas generaciones de chilenos. «El Ratón Fuentes era un fotógrafo del equipo de Leoncio del Canto ("Caruso"). Tenía que ir a los grandes banquetes, tomar fotos con magnesio y vender. Ya con plata en el bolsillo nos buscaba. Y no era difícil encontrarnos, porque si no estábamos en el [bar] Hércules estábamos en el Venecia o en el Alemán de San Pablo, o en el de la calle Esmeralda. [...] El Ratón era un ser muy alegre y exultante; con él en la mesa cambiaba todo repentinamente, y si había una dificultad, un problema, salía con presteza y regresaba a los pocos minutos con un billete» (testimonio de Diego Muñoz: *Aurora*, núm. 3-4, Santiago, 1964, p. 234).

AMORES: ROSAURA (I) - (II). (Páginas 62-68.) En el extratexto: Albertina *Rosa* Azócar, hermana de Rubén y estudiante de francés en la universidad, como Neruda. Ella es «Marisombra», la inspiradora mayor de los *Veinte poemas* (véase, por ejemplo, mis notas a los poemas 9 y 15 en *OCGC*, vol. I, pp. 1153-1157) y de muchos textos de *Residencia en la tierra*. Nunca quiso o nunca supo responder con decisión a los reiterados requerimientos de Neruda durante los años de juventud, sea para pasar juntos las vacaciones o, más tarde desde Ceilán, para casarse. Las cartas del poeta publicadas en *CMR* (1974) y en *NJV* (1983) documentan la mediocre historia de las reticencias o cálculos de Albertina Rosa. Para Neruda ella encarnó el erotismo de los años estudiantiles, la pasión sexual desencadenada en sórdidas piezas de pensión. Más tarde la llamará desde Ceilán para que comparta su exilio, para vencer la nostalgia (de Josie Bliss) y el aburrimiento: para reencontrar, en suma, el equilibrio perdido.

El año 1929 transcurrió bajo el signo de Albertina Rosa. Los períodos de soledad sexual no eran nuevos para Neruda, pero éste que ahora vivía en Ceilán le era más duro y difícil de soportar (agravado por el recuerdo de su plena convivencia con Josie Bliss). También Albertina había sido en el pasado una intensa experiencia erótica. El poeta imaginaba que la afinidad de orígenes y de cultura compensaría la desventaja que de todos modos subsistía en el plano sensual.

La esperanza del viaje de Albertina (por entonces en Europa) sostuvo al poeta durante algunos meses. Sus cartas eran contenidas y púdicas en la expresión de sus razones sexuales. A finales de 1929 estaba claro que ella no vendría. Neruda le envió un ultimátum desde Wellawatta (carta del 17.12.1929): «Porque será ésta la última vez en nuestras vidas que tratemos de juntarnos. Me estoy cansando de la soledad, y si tú no vienes trataré de casarme con alguna otra» (*NJV*, p. 58). Algunas semanas después, la despedida final: «No quiero hablarte del daño que me has causado, no serías capaz de comprender. [...] He querido hacerte mi esposa en recuerdo de nuestro amor. [...] Adiós, Albertina, para siempre.» (*NJV*, p. 64). En carta a Héctor Eandi (27.2.1930) Neruda se abandonó a una muy insólita confidencia:

> La cuestión sexual es otro asunto trágico, que le explicaré en otra carta. (Este tal vez es el más importante motivo de miseria.) Y una mujer a quien mucho he querido (para ella escribí casi todos mis *Veinte poemas*) me escribió hace tres meses, y por un tiempo viví lleno de su llegada, arreglando mi *bungalow*, pensando en la cocina, bueno, en todas las cosas. Y ella no pudo venir, o por lo menos no por el momento, por circunstancias razonables tal vez, pero yo estuve una semana enfermo, con fiebre y sin comer, fue como si me hubieran quemado algo adentro, un terrible dolor. Esto ha pasado, sin siquiera poder decírselo a alguien, y así aliviarse; se ha enterrado con los otros días, al diablo con la historia!

(Citado en Loyola 1987, pp. 32-33.)

RANGOON 1927. (Páginas 73-75.) Revisitación de un episodio ya evocado en el poema «Las furias y las penas» (1934, en *Tercera residencia*), a partir de los versos: «Recuerdo sólo un día / que tal vez nunca me fue destinado».

TERRITORIOS. (Página 78.) Los nombres Patsy, Ellen y Artiyha corresponden a amigas/amantes del período vivido en Wellawatta, Colombo (Ceilán).

AQUELLAS VIDAS. (Páginas 79-80.) El comienzo de «Alturas de Macchu Picchu» rezaba: «Del aire al aire, como una red vacía, / iba yo entre las calles y la atmósfera». El comienzo del presente poema es una crítica a aquel otro comienzo, al que rectifica con las mismas imágenes y aludiendo a ese Yo Soy a que aspiraba el Sujeto: «Este *soy*, yo diré, para dejar / este pretexto escrito: ésta es mi vida. / Y ya se sabe que no se podía: / que en esta *red* no sólo el hilo cuenta, / sino el *aire* que escapa de las *redes*, / y todo lo demás era inasible».

III. *El fuego cruel*

LOS MÍOS. (Páginas 94-95.) *OC* 1973 repitió una errata tipográfica de la primera edición, que traía: «Yo dije: *Ayer* la sangre!», porque quizás Homero Arce (secretario del poeta) leyó mal el manuscrito de Neruda que no podía decir sino «*A ver* la sangre!», en correspondencia con el verso 2: «*Vengan a ver* la sangre de la guerra!», que a su vez remitía inequívocamente al famoso «Venid *a ver* la sangre por las calles!» de *España en el corazón*.

AMORES: JOSIE BLISS (I) - (II). (Páginas 109-114.) Esta mujer fue, ante todo, un encuentro sexual cuya excepcionalidad sacudió al poeta al punto de proyectarse como fundamento de una identidad alternativa (la *substitución*). Ello comenzó en Rangún durante la primera mitad (¿mayo?) de 1928. El texto en prosa «La noche del soldado» (véase *OCGC*, vol. I, pp. 278-279) registró con una cierta distancia −todavía− el encuentro mismo, presentándolo como una indiferenciada experiencia en algún local nocturno. Los textos «Juntos nosotros» y «El joven monarca» (*OCGC*, vol. I, pp. 269-270 y 282) registraron en cambio el júbilo y la aceptación: el Sujeto se reconocía en su pasión por (y sobre todo en su convivencia con) Josie Bliss. Después vinieron las dudas, el conflicto y la separación desgarradora. Sobre ello escribió Neruda páginas conmovedoras, ahora muy conocidas, para la revista *O Cruzeiro Internacional* (Río de Janeiro, 1962), después recogidas en *CHV*, pp. 123-125.

¿Quién era reamente Josie Bliss? Sólo sabemos de ella lo que Neruda quiso recordar. ¿Cuál era su verdadero nombre, «su recóndito nombre birmano»? Neruda nunca lo transcribió. A decir verdad, le fue difícil incluso llamarla con su nombre de fachada −«su nombre de calle»: *CHV*, p. 124− en los textos de *Residencia*. Sólo en el momento de abandonarla consiguió Neruda dar a su amante un nombre en la escritura: la llamó *Maligna* en «Tango del viudo». Se trataba en verdad de un exorcismo, más que de un nombre. *Maligna* fue la transacción entre la necesidad de nombrar (individuar, identificar, recordar) y la necesidad de negar (olvidar, cancelar, confundir en lo indistinto). A lo largo de la segunda *Residencia* el nombre de la amante birmana pugnó por abrirse paso hacia el Texto, por romper el bloqueo feroz y despiadado que el poeta le (se) había impuesto. No fue una imprevista explosión de nostalgia la que determinó la colocación del poema «Josie Bliss» (*OCGC*, vol. I, pp. 344-345) al cierre del entero libro, es decir, en posición de extremo relieve.

ADIÓS A LA NIEVE. (Página 116-119.) Chiaretta −el nombre

exacto era en realidad Claretta– y su marido C. (Edwin Cerio) fueron amigos de Neruda y Matilde durante los meses de Capri (1952).

IV. *El cazador de raíces*

AMORES: DELIA (I) - (II). (Páginas 147-151.) Delia del Carril había nacido en la estancia familiar de Polvaredas, provincia de Buenos Aires, el 27 de septiembre de 1884, casi exactamente veinte años antes que Neruda. Sus padres fueron Víctor del Carril Domínguez y Julia Iraeta Iturriaga, que engendraron al menos otros doce hijos, entre los cuales cabe mencionar a Adelina, que contrajo matrimonio con Ricardo Güiraldes, el autor de *Don Segundo Sombra*. La familia, riquísima, poseía entre otras una estancia de 25.000 hectáreas del mejor suelo, ubicada en plena pampa húmeda a 180 km de Buenos Aires. El padre, Víctor, no ejerció su profesión de abogado pero participó en política: fue vicegobernador de la provincia de Buenos Aires y Diputado Nacional, por lo cual la familia se trasladó a la capital. Pero poco antes de que Delia cumpliera 15 años, su padre se suicidó (19.9.1899). La madre, ahora viuda, decidió alternar la vida en Buenos Aires con largas temporadas en París, acompañada de sus hijas solteras. En París conoció Delia a Adán Diehl, con quien se casó en Mendoza en 1917. El matrimonio fue un desastre y Delia regresó a Argentina en 1921. Años más tarde, en 1929, retornó a París para proseguir estudios y práctica de pintura con Fernand Léger. A fines de enero de 1934 se trasladó a Madrid, ya comunista convencida. En junio de ese año conoció a Neruda. Hay varias versiones del primer encuentro: para algunos fue en casa del diplomático chileno Carlos Morla Lynch, pero Alberti: «A Delia [...] se la presenté yo en mi terraza madrileña de la calle Marqués de Urquijo, en los días en que el poeta chileno encontró a *Niebla*, aquella perra enloquecida y silvestre que me acompañó durante toda la guerra civil» (cit. en Loyola 1987, p. 47). Para el resto de la historia remito a mis notas del volumen I y del presente. Por ahora importa sólo señalar que tras la ruptura de su matrimonio con Neruda, Delia siguió activa con su pintura hasta su muerte. Sobrevivió a Pablo y a Matilde: murió el 26 de julio de 1989, cerca de los 105 años de edad, en su casa de avenida Lynch. — Para detalles de la biografía de Delia del Carril: ver Sáez 1997.

ÍNDICE DE PRIMEROS VERSOS

ÍNDICE GENERAL

Obra de Pablo Neruda en DeBolsillo

EDICIÓN DE HERNÁN LOYOLA

BEST SELLER

Los pilares de la Tierra, Ken Follett
Alto riesgo, Ken Follett
La casa de los espíritus, Isabel Allende
Baudolino, Umberto Eco
Armonía rota, Barbara Wood
Sushi para principiantes, Marian Keyes
Yo, puta, Isabel Pisano
El Salón de Ámbar, Matilde Asensi
Iacobus, Matilde Asensi
Como agua para chocolate, Laura Esquivel
Tan veloz como el deseo, Laura Esquivel
El amante diabólico, Victoria Holt
Hielo ardiente, Clive Cussler
A tiro, Philip Kerr
Las chicas buenas van al cielo y
  las malas a todas partes, Ute Herhardt
Claire se queda sola, Marian Keyes
La soñadora, Gustavo Martín Garzo
Fuerzas irresistibles, Danielle Steel
Casa negra, Stephen King y Peter Straub
El resplandor, Stephen King
Corazones en la Atlántida, Stephen King
IT, Stephen King
Dioses menores, Terry Pratchett
Brujerías, Terry Pratchett
Picasso, mi abuelo, Marina Picasso
Saltamontes, Barbara Vine
Chocolat, Joanne Harris
Muerte en Cape Cod, Mary Higgins Clark

DeBOLS!LLO

CONTEMPORÁNEA

DeBOLS!LLO

ENSAYO

[!] DeBOLS!LLO